Inhalt

1. Einleitung

In der Politikwissenschaft spielen nicht zuletzt aufgrund der immer fortschreitenden Inklusion technischer Prozesse in die Gesellschaft die Methodenausbildung, und dabei insbesondere die quantitative, eine zunehmend wichtige Rolle in der Ausbildung von Politikwissenschaftler:innen. Sowohl in Masterprogrammen als auch in der Doktorand:innen-Ausbildung zeigt sich eine Differenzierung des quantitativen Methodenhandwerks, zum Beispiel mit der zunehmenden Anzahl an angebotenen *Method Schools*, bei denen Studierende ihr Wissen um spezifische Methoden während des Studiums oder Doktorats erweitern können. Obwohl in den letzten Jahren an vielen politikwissenschaftlichen Standorten Programmiersprachen wie R oder Python Einzug gehalten haben, beschränkt sich dies zumeist auf Masterstudiengänge oder die Doktorand:innen-Ausbildung.

Ausdifferenzierung & Interessen-heterogenität

Dem gegenüber steht die grundständige Lehre in Bachelorprogrammen: Vor dem Hintergrund des zunehmenden Bedarfs an politikwissenschaftlicher Expertise im Bereich datenbasierter Entwicklungen auf die Gesellschaft erscheint es notwendig, dass auch Absolvent:innen von politikwissenschaftlichen Bachelorstudiengängen einen tieferen Einblick in die Anwendung datenbasierter Methoden bekommen. Für Bachelorstudiengänge wird oftmals das Argument vorgebracht, dass die Vermittlung mit Programmen wie SPSS zielführender sei, da es den Studierenden alle Möglichkeiten und einen leichten Einstieg böte. In Tätigkeiten als Projektmanager oder im Consulting (öffentlich wie privatwirtschaftlich) müssen Politik- wie Gesellschaftswissenschaftler:innen aber mit Personen aus stärker datenverarbeitenden Bereichen (wie zum Beispiel *Data Scientists*) zusammenarbeiten oder arbeiten selbst in diesen Berufsfeldern. Damit Absolvent:innen darauf vorbereitet werden, erscheint ein Grundverständnis in Programmiersprachen sinnvoll, da so erste Kenntnisse und

Erfahrungen einer Programmiersprache in den Arbeitseinstieg übernommen werden können. In diesem Band wird in einem Beispiel aufgezeigt, wie eine solche Umsetzung gelingen kann, ohne dabei zu sehr die Praxisorientierung zu verlieren, die manch Lehrender einer *Click-and-Play*-Lösung zusprechen mag.

Daneben wird häufig auf ein vereinheitlichtes Kurskonzept gesetzt, das in einem Modul einen standardisierten Kurs für alle Studierenden anbietet. Ziel dabei ist es, allen Studierenden dasselbe Wissen zu vermitteln. Universitäre Lehre hat aber den Anspruch, die verschiedenen Interessen von Studierenden in der Lehre zu berücksichtigen und diese zu fördern, und in vielen Teilen der universitären Lehre findet dies Berücksichtigung. Irritierenderweise hält sich aber in der Anwendung statistischer Methoden im Bachelorstudium das Prinzip eines Standardkurses in einem Programm für alle. Diese Standardkurse sollen die Bedarfe decken und über die Standardisierung Fairness in der Anwendungskompetenz zwischen Studierenden erreichen. Solche vereinheitlichten Kurskonzepte kann man auch in der Grundausbildung der Anwendung von statistischen Kenntnissen kritisieren und eine Kursvielfalt präferieren, die die inhärente Interessenheterogenität von Studierenden berücksichtigt, ohne dabei die Grundvermittlung – und somit den Standard der Lehrvermittlung – aus den Augen zu verlieren. Gerade mit Programmiersprachen ergibt sich die Möglichkeit, angebotene Kurse auszudifferenzieren und Studierenden besser gerecht zu werden, als dies mit einheitlichen Standardkursen möglich ist. Im zweiten Beispiel wird in diesem Band gezeigt, wie weitere Kompetenzen wie Projektorientierung und Kollaboration in einen R-Kurs integriert werden können.

Nach Ansicht der Autoren verbleiben Einführungskurse oftmals auf einer sequenziellen Vermittlung einzelner Methoden, was die eigentliche Arbeit mit sozialwissenschaftlichen Daten nicht widerspiegelt. Anstatt einzelne Methoden zu diskutieren bzw. deren technische Übersetzung im Programm zu erlernen, liegt daher in den beiden nachfolgend präsentierten Beispielen ein anderes *Storytelling* als Grund-

Storytelling

idee vor. Bereits zu Beginn des Kurses sollen Studierende motiviert werden, sich mit einer (metrischen) Variable aus eigenem Interesse über das Semester auseinanderzusetzen. Somit können anhand eines eigenen Interesses einzelne Schritte – deskriptive univariate Analyse, bivariate Analyse und multivariate Analyse – angelernt werden, die manchmal auf den letzten Schritt in Veröffentlichungen verkürzt sind. Ziel dieses Storytellings ist es also, neben einer höheren Lernmotivation das Verständnis eines Prozesses in der Anwendung quantitativer Methoden zu vermitteln.

Warum R lehren?

In diesem Band werden Kurse in der Programmiersprache R fokussiert. Diese Entscheidung ist von den Autoren in der Lehre bewusst getroffen worden, denn R bietet Möglichkeiten, die das bisherige Programm SPSS an den zwei Standorten der Autoren (Marburg, Gießen) nicht bietet und die an vielen Standorten in der Master- oder Doktorand:innen-Ausbildung bereits genutzt werden. Daneben hat R dezidiert einen Statistikfokus gegenüber universelleren Sprachen wie Python oder Julia und erscheint daher für den Programmiereinstieg geeigneter.

Kostenlose Software

Die häufig genutzte Software RStudio ist kostenlos als *Open-Source*-Projekt installierbar. Daneben wird sogar von Seiten des Unternehmens Posits eine Cloud-Variante angeboten[1], die kostenloses Arbeiten im Browser oder auf dem Tablet ermöglicht. Bisher gängige Software wie SPSS unterliegt Lizenzrechten, die für Universitäten teuer sind und bei Studierenden zu sozialen Verzerrungen führen können. Lizenzkosten für ein Programm zu bezahlen, das zum Beispiel bei der Erstellung einer Haus- oder Abschlussarbeit benötigt wird, kann – je nach Standort – kostspielig für Studierende werden und damit exkludierend wirken.

1 https://posit.cloud. Die kostenlose Version ist nur unter Einschränkung der Rechenkapazitäten verfügbar.

Zugang

Dem wird oftmals entgegengebracht, dass es an vermutlich allen Standorten öffentliche Computer-Pools gibt, an denen die Software kostenlos genutzt werden kann. Nicht zuletzt wissen wir aber durch die Corona-Pandemie, dass dieses Angebot nur beschränkt hilft. Computer-Pools sind an Öffnungszeiten gebunden und für immer mehr Studierende, die gleichzeitig einer Arbeitsbeschäftigung nachgehen oder familiäre Aufgaben haben (nicht-traditionelle Studierende), ist dieses Angebot nicht ausreichend.

Neben diesen strukturellen Vorteilen bietet die Anwendung von R auch in grundständigen Bachelorstudiengängen die Möglichkeit, die Anwendung statistischer Methoden explizit in einer Programmiersprache zu lernen. Einerseits erscheint dies notwendig, da weiterführende Methoden (im Masterstudium, Doktorat oder Berufsfeld) oft nicht mit SPSS ausgeführt werden können. Andererseits fördert das Erlernen von R im Vergleich zu einer Click-and-Play-Lösung mit SPSS auch das Datenverständnis.

In vielen derzeitigen und zukünftigen Arbeitsbereichen werden Daten verarbeitet und Politik- wie Gesellschaftswissenschaftler:innen arbeiten dabei eng mit Personen aus stärker datenorientierten Bereichen zusammen oder arbeiten selbst in diesen datenverarbeitenden Prozessen. Um Bachelorstudierenden hier einen besseren Einstieg zu bieten, erscheint es sinnvoll, auch in der grundständigen Bachelorlehre Programmier-Grundkenntnisse zu integrieren.

Mit den zwei Beispielen in diesem Buch geben wir Einblicke in zwei Varianten von R-Einführungskursen, die unterschiedliche Schwerpunkte setzen. Diese Varianten sollten dabei nicht als Musterlösungen verstanden werden, sondern als Ideengeber für Kurskonzeptionen, die den eigenen Standortbedingungen entsprechen. Bevor wir in die einzelnen Beispiele einsteigen, gehen wir zunächst explizit auf die Vor- und Nachteile eines Umstiegs von SPSS auf R ein sowie auf die Relevanz von R in der politikwissenschaftlichen Methodenlehre und auf die Standortbedingungen, die zur Entwicklung dieser Varianten geführt haben.

Ein Vergleich zwischen R und SPSS

Nachdem die Vorteile der Lehre mit R dargelegt wurden, ist es angebracht, die größte Hürde beim Umstieg von etablierten Softwarelösungen wie SPSS auf R näher zu beleuchten. Diese Hürde besteht nicht nur in der Umstellung auf ein neues Programm, sondern auch in der Notwendigkeit einer stetigen Weiterentwicklung der lehrenden Person. Vor diesem Hintergrund ist eine vergleichende Betrachtung der Vor- und Nachteile von R und SPSS als Entscheidungshilfe für Lehrende sinnvoll.

Die Wahl zwischen R und SPSS in der politikwissenschaftlichen Methodenlehre sollte wohlüberlegt sein und die jeweiligen Stärken und Schwächen der Programme im Kontext der Lehrziele und Ressourcen berücksichtigen. Tabelle 1 (S. 10) zeigt einen Vergleich zwischen R und SPSS in verschiedenen Kategorien.

Ein wesentlicher Vorteil von R ist seine Kostenfreiheit als Open Source-Software. Dies ermöglicht einen niedrigschwelligen Zugang für Studierende und Universitäten ohne die Notwendigkeit kostspieliger Lizenzen, was soziale Verzerrungen vermeiden kann. SPSS hingegen ist kostenpflichtig und kann hohe Lizenzgebühren verursachen.

R bietet einen enormen und nahezu unbegrenzten Funktionsumfang durch eine stetig wachsende Zahl von Paketen. Dadurch können sowohl gängige als auch fortgeschrittene statistische Verfahren angewendet werden, und neuere methodische Entwicklungen werden häufig zuerst in R implementiert. SPSS verfügt ebenfalls über einen großen Funktionsumfang, konzentriert sich aber stärker auf klassische statistische Analysen und ist in seiner Erweiterbarkeit begrenzter. Die Vielfalt an verfügbaren Paketen und Ansätzen zur Durchführung einer Analyse in R kann zu Beginn weniger standardisiert erscheinen und Unsicherheiten hervorrufen. SPSS bietet hier durch seine vordefinierten Verfahren eine größere Standardisierung. Dennoch erscheint gerade durch den weiteren Funktionsumfang (z.B. durch fortgeschrittenere Methoden) das frühe Lernen von R sinnvoll.

Kategorie	R	SPSS
Kosten	kostenlos *(Open Source)*	kostenpflichtige Lizenzgebühren
Funktionsumfang	sehr groß, durch Erweiterungen unbegrenzt	groß, aber Fokus auf klassische Statistik
Benutzerfreundlichkeit	erfordert Programmierkenntnisse	menügeführt, einfacher Einstieg
Erweiterbarkeit	sehr flexibel durch zahlreiche Pakete	begrenzt, oft nur über kostenpflichtige Module
Community & Support	große *Open-Source*-Community	offizieller Support durch IBM, kleinere Community
Integration in Workflows	gut integrierbar mit anderen Programmen	eingeschränkte Integrationsmöglichkeiten
Visualisierungsmöglichkeiten	hochgradig anpassbar, professionell	grundlegende Funktionen, weniger anpassbar
Reproduzierbarkeit	sehr gut durch Skripte	Protokollierung möglich, weniger flexibel
Förderung Datenverständnis	hoch	geringer
Datenkapazität & Performance	gut bei großen Daten (abhängig von Code)	geeignet für mittelgroße Datenmengen
Zielgruppe	Forschende, Analysten, datengetriebene Berufe	Nutzer für schnelle, unkomplizierte Analysen
Stetige Weiterentwicklung nötig	ja	weniger

Tabelle 1: Überblick über die Vor- und Nachteile von R und SPSS (eigene Darstellung)

Insbesondere zu Beginn kann die steile Lernkurve beim Erlernen der Programmiersprache R eine Herausforderung darstellen. Die Notwendigkeit, Code zu schreiben, ist weniger intuitiv als die Menüführung von SPSS. Ebenso bietet dies gerade zu Beginn eine Quelle der Lernfrustration, da die Häufigkeit von Fehlern anfangs sehr hoch ist. Dies muss zwangsläufig in der didaktischen Umsetzung eines R-Kurses berücksichtigt und aufgefangen werden. Demgegenüber ermöglicht die Benutzerfreundlichkeit und intuitive Menüführung von SPSS einen schnellen und einfachen Einstieg in die Datenanalyse ohne Programmierkenntnisse.

Als Programmiersprache bietet R eine hohe Flexibilität und Erweiterbarkeit. Es lässt sich an spezifische Forschungsfragen anpassen, und neue Methoden können bei Bedarf implementiert werden. Zudem ermöglicht die Skript-basierte Arbeitsweise eine präzise Reproduzierbarkeit von Analysen und fördert *Open Science*-Praktiken. SPSS ist in seiner Flexibilität eingeschränkter und erfordert für spezielle Anpassungen oft kostenpflichtige Zusatzmodule, aber bietet dennoch standardisierte statistische Verfahren an, die leicht auszuwählen sind. Es besteht zwar die Möglichkeit in SPSS-Skripte anzulegen, um eine Reproduzierbarkeit zu gewährleisten. Hierbei erscheint es aber sinnvoller direkt eine generelle Programmiersprache wie R zu erlernen, die dazu noch einen breiteren Anwendungsumfang hat. Die begrenzte Flexibilität und Erweiterbarkeit von SPSS schränken die Möglichkeiten zur Anpassung an spezielle Forschungsfragen und zur Anwendung fortgeschrittener Methoden ein.

Die große und aktive Open Source-Community von R bietet umfassende Unterstützung durch Foren, Tutorials und Dokumentationen. Dies stellt eine wertvolle Ressource für Lehrende und Lernende bei Fragen und Problemen dar. Der Support für SPSS erfolgt primär offiziell durch den Hersteller IBM, während die Community tendenziell kleiner ist, obgleich eine Vielzahl an Tutorials auch für SPSS im Internet zu finden ist.

R ermöglicht die Integration zu kompletten Analyse-Workflows, was besonders bei wiederholten Analysen oder großen Datensätzen effizient ist. So kann unter Einbezug von *Quarto* oder *RMarkdown* Studierenden die effiziente Übersetzung von Ergebnissen aus R in Form von Berichten oder Hausarbeiten als leichte Übung mit zusätzlichen Paketen beigebracht werden. SPSS bietet hier weniger Möglichkeiten und selbst die integrierten Möglichkeiten des Transfers von SPSS-Output sind nur begrenzt hilfreich.

R lässt sich daneben gut in andere moderne Datenanalyse-Workflows und Software-Umgebungen integrieren (z.B. Python), was in zunehmend interdisziplinären Arbeitsfeldern von Vorteil ist. Insofern kann beim Erlernen von R gleichzeitig der Projektcharakter verdeutlicht werden und Projekt-Workflows in der Lehre mit integriert werden, die auch in späteren Berufsfeldern relevant sein können.

Heutzutage ist in der quantitativen Datenanalyse und in der Lehre ein Punkt essenziell: die Visualisierung und Darstellung von Ergebnissen. Hier bietet R mit einer Vielfalt an Paketen beste Möglichkeiten für Studierende, unterschiedliche Datenvisualisierungen zu entdecken und einzusetzen, die für (wissenschaftliche) Publikationen bestens geeignet sind. Das Potenzial von SPSS in diesem Bereich ist beschränkt und kann kaum mit den Möglichkeiten in R mithalten.

Das Erlernen von R fördert ein tieferes Verständnis der Datenstrukturen und Analysemethoden, da Studierende aktiv Code schreiben und die Logik hinter den Befehlen verstehen müssen, anstatt nur Menüs zu bedienen. Die menügesteuerte Bedienung von SPSS kann hingegen eine oberflächlichere Click-and-Play-Mentalität begünstigen, die für ein tieferes Verständnis eher hinderlich ist.

Gerade an Studienstandorten, die stärker in den *Computational Social Sciences* aktiv sind, liegen weitere Vorteile klar auf der Hand: R kann im Gegensatz zu SPSS leichter auch größere Datenmengen handhaben, obwohl die Performance von R bei sehr großen Datenmengen stark von der Effizienz des geschriebenen Codes abhängt. SPSS ist tendenziell für mittelgroße Datensätze optimiert und kann bei der Verarbeitung sehr großer Datenmengen an Leistungsgrenzen stoßen. SPSS bietet die Möglichkeit neuere Verfahren im Bereich des

Machine Learnings anzuwenden (z.B. *Neural Networks)*, der Vorteil liegt hier aber eindeutig auf Seiten von R, da hier die Community in der Integration neuer Verfahren schneller ist.

Durch die lebendige R-Community entstehen nicht nur fortwährend neue Pakete, sondern auch existierende Pakete verändern in Teilen ihre Programmlogik (z.B. durch Schnittstellen mit anderen Paketen). Daher erfordert die Lehre in R einen stetigen Umgang mit R; die Lehrenden müssen also up-to-date bleiben. Demgegenüber finden Updates in SPSS in Produktionszyklen statt und es erfolgen seltener größere Wechsel (z.B. in der Menüführung).

Diese Gegenüberstellung ist nicht komplett, gibt aber Lehrenden eine erste Möglichkeit des Vergleichs anhand der eigenen Bedarfe. Die Entscheidung, welche Softwarelösung in der politikwissenschaftlichen Lehre eingesetzt wird, hängt stark von den spezifischen Zielen des Kurses, den verfügbaren Ressourcen und der Zielgruppe ab.

Für Lehrende mit begrenzten finanziellen Ressourcen und dem Ziel, Studierenden eine tiefergehende Datenkompetenz, Flexibilität in der Analyse und die Möglichkeit zur Reproduzierbarkeit zu vermitteln, ist R die empfehlenswerte Wahl. Dies gilt insbesondere dann, wenn Studierende auf weiterführende quantitative Methoden im Master oder im Berufsfeld vorbereitet werden sollen. Auch wenn die Lernkurve steiler ist, können geeignete didaktische Konzepte (wie in Kapitel 4 und 5 beschrieben) den Einstieg erleichtern und Studierende bewusst beim Lernen unterstützen.

Für Lehrende, die primär einen schnellen und unkomplizierten Einstieg in die statistische Analyse ohne Programmierkenntnisse ermöglichen möchten, kann SPSS weiterhin eine Option sein. Auch Entwicklungen wie JASP oder Jamovi könnten in Betracht gezogen werden, die der Programmiersprache R eine Benutzeroberfläche ähnlich wie in SPSS geben, ohne dabei Lizenzgebühren zu verlangen. Dies mag für Einführungskurse in Betracht gezogen werden, in denen der Schwerpunkt weniger auf der Entwicklung tiefergehender Daten- und Programmierkenntnisse oder der Hinführung zu fortgeschrittenen Methoden liegt. Allerdings sollten die Kosten der Lizenzen und die begrenzte Flexibilität gegenüber den Vorteilen abgewogen werden, insbesondere im Hinblick auf die zunehmende Bedeutung von Datenkompetenz in der Politikwissenschaft.

Letztendlich sollte die Entscheidung für eine Software auch die zukünftigen Kompetenzen der Studierenden im Blick behalten. Angesichts der wachsenden Nachfrage nach Datenkompetenzen und der verbreiteten Nutzung von Programmiersprachen wie R in datengetriebenen Berufsfeldern, erscheint die Vermittlung von R-Kenntnissen bereits im Bachelorstudium zunehmend sinnvoll.

Aufbau des Buches

Im Folgenden wird zuerst die Relevanz von R in der politik- und sozialwissenschaftlichen Methodenausbildung hervorgehoben, bevor wir den Kontext der zwei Praxisbeispiele vergleichend diskutieren. Anschließend wird detailliert in die Praxisbeispiele eingeführt. Hierbei fokussiert das erste Lehrkonzept für R eine vergleichsweise ressourcenarme „Übersetzung" eines bisherigen standardisierten SPSS-Einführungskurses, der sowohl für Lernende als auch für Lehrende leicht zu vollziehen ist (siehe Kapitel 4). Das zweite Praxisbeispiel ist in der Umsetzung umfangreicher, da gleichzeitig neben dem Umstieg auf R auch weitere Kompetenzen wie Kollaboration und Prozess-/Projektverständnis gestärkt werden sollen (Kapitel 5). Abschließend resümieren wir die Erkenntnisse aus den Einsätzen der zwei Lehrkonzepte und diskutieren mögliche Entwicklungsszenarien, die die grundständige Methodenausbildung in der Politikwissenschaft verbessern könnten.

Mit diesem Band möchten wir interessierten Lehrenden in der Politikwissenschaft aufzeigen, wie der Einsatz von R auch bereits im Bachelorstudium erfolgen kann, so dass Studierende im Master- und Doktoratsstudium aufbauend bereits grundlegende Kenntnisse in R für weiterführende Methoden vorweisen können.

2. Relevanz von R in der politikwissenschaftlichen Methodenlehre

Politik- und Sozialwissenschaftler:innen arbeiten in vielfältigen beruflichen Kontexten, die sich auch in den Studienordnungen einzelner Studiengänge widerspiegeln. Dies umfasst Tätigkeiten in politischen Institutionen (z.B. Parteien und Parlamente), der Politikberatung, Verbänden und öffentlichen Verwaltungen, Medien, Nichtregierungsorganisationen sowie im Consulting oder allgemeinen Projektmanagement. Gemeinsam haben all diese Felder, dass die Bedeutung datenbasierter Analysen und Entscheidungen stetig zunimmt, sei es in der evidenzbasierten Politikberatung, der Evaluation politischer Programme oder der strategischen Kommunikation.

Angesichts der fortschreitenden Digitalisierung politischer Arenen und der zunehmenden Verfügbarkeit großer Datenmengen ist es für Politikwissenschaftler:innen essenziell, Datenkompetenz zu erwerben. Beispielsweise bedingen Analysen von sozialen Medien, Wahlprognosen oder politische Netzwerkanalysen oftmals größere Datenmengen bzw. einen Umgang mit API-Schnittstellen, die in R umsetzbar sind. Die Vermittlung dieser quantitativen Analysefertigkeiten mit R ermöglicht es Studierenden, nicht nur fertige Analysemasken zu nutzen, sondern ein tieferes Verständnis für Datenherkunft, Datenstrukturen und statistische Verfahren zu entwickeln. Dies sichert langfristig die analytischen Fähigkeiten.

Ein weiterer Vorteil von R liegt in der Transparenz und Reproduzierbarkeit wissenschaftlicher Arbeiten, Kernkriterien von empirischen Arbeiten. Im Zuge von Open Science sollten auch im Studium zunehmend die Nachvollziehbarkeit und Replikation als Grundsäulen quantitativer Analyseverfahren vermittelt werden. R ermöglicht durch die skriptbasierte

Arbeitsweise eine saubere Dokumentation und – falls angewandt – eine Versionierung von Analysen. Dies erleichtert sowohl die Zusammenarbeit mit anderen Forschenden als auch die Sicherstellung nachvollziehbarer Methoden bzw. von deren Anwendung.

Neben der Anwendung in beruflichen Kontexten spielt im Bachelorstudium auch die Kompetenz, andere Studien verstehen zu können, eine entscheidende Rolle. Durch die zunehmende Transparenz durch Open Science und eine sehr verbreitete Nutzung von R können Studierende somit auch besser angewandte Beispiele verstehen, da sie selbst die Programmiersprache erlernen, die überwiegend in der politikwissenschaftlichen Praxis in quantitativen Analysen genutzt wird. Somit erhalten Studierende auch im Bachelorstudium eine vertiefte Datenkompetenz, die es ihnen ermöglicht, (später) weiterführende Methoden kennenzulernen bzw. nachvollziehen zu können.

Es gibt durchaus weitere Programmiersprachen wie Python oder Julia, die ebenfalls für Datenanalysen geeignet sind und ähnliche Vorteile wie R mitbringen. Demgegenüber bleibt aber einzuwenden, dass R eine dezidierte Programmiersprache für Statistikanwendungen ist (mit den einhergehenden Vorteilen zum Handling von Datensätzen). Ebenso zeigt sich, dass viele politikwissenschaftliche Methoden und spezifische statistische Verfahren bereits in R integriert und gut dokumentiert sind, was einerseits die Handlungsoptionen breit aufstellt und andererseits den Einstieg und die Anwendung erleichtert.

Die Einführung von R in die politikwissenschaftliche Lehre fördert nicht nur grundlegende Datenkompetenzen, sondern bereitet Studierende gezielt auf die Herausforderungen moderner politischer Forschung und Praxis vor. R ermöglicht eine analytisch tiefere Auseinandersetzung mit quantitativen Methoden, trägt intuitiver zur Reproduzierbarkeit wissenschaftlicher Arbeiten bei und bietet Zugang zu modernen Analysemethoden, die für die Untersuchung digitaler politischer Prozesse essenziell sind.

3. Kontext der Praxisbeispiele

In diesem Kapitel werden die Kontextbedingungen der zwei Praxisbeispiele gegenübergestellt und diskutiert. Dies ist notwendig, da diese je nach Standort variieren und auch die Entscheidungen innerhalb von Lehrprojekten hinsichtlich des Kursaufbaus und -inhalte beeinflussen.

Tabelle 2 (S. 19) zeigt die Kontextbedingungen je nach Praxisbeispiel. Beide hier diskutierten Praxisbeispiele demonstrieren die Anwendung eines R-Kurses im grundständigen Bachelorstudiengang des jeweiligen Instituts. Wie ersichtlich ist, unterscheiden sich die Studiengänge erheblich vom vorangegangenen Methodenumfang im Studium.

Im Beispiel 1 wird die Statistik- und Softwarekompetenz in einem Seminar im dritten Semester vermittelt. Im Semester davor haben die Studierenden das Einführungsmodul Methoden besucht, welches aus Vorlesung und begleitendem Seminar besteht und mit einer schriftlichen Modulprüfung abschließt. Dabei werden bereits erste statistische Kenntnisse vermittelt. Das Seminar im dritten Semester vertieft diese statistischen Kenntnisse, führt begleitend in die Datenanalyse mit R ein und ist für etwa 25 Teilnehmende ausgelegt. Parallel dazu besuchen die Studierenden ein Seminar zu Erhebungsmethoden, bei denen die Studierenden aus verschiedenen qualitativen oder quantitativen Verfahren auswählen können. Dagegen befinden sich Studierende im zweiten Praxisbeispiel im 4. Fachsemester und haben bereits zwei Methodenmodule abgeschlossen bzw. die erste Hälfte des dritten von vier Methodenmodulen mit der Vorlesung Statistik I im vorangegangenen Semester absolviert. Sie besuchen zeitlich parallel zur Übung die Vorlesung Statistik II, die in die Inferenzstatistik, bivariate und multivariate Zusammenhänge einführt. Aus dieser Parallelität müssen die Inhalte der Übung der Reihenfolge der Vorlesung folgen und können der Vorlesung nicht vorgreifen.

Im ersten Beispiel erfolgt eine Modulprüfung über die vermittelten statistischen Kenntnisse, welche überwiegend anwendungsbezogen abgefragt werden (z.B. Interpretation von statistischen Ergebnissen). Die vermittelte Softwarekompetenz ist keine Grundlage der Prüfung. Im zweiten Praxisbeispiel fokussiert die Modulprüfung die Inhalte der zwei Vorlesungen. In der Übung muss lediglich eine Vorleistung (kleinere Leistungen über das Semester) erbracht werden, die zum Abschluss des Moduls erforderlich ist. Diese Vorleistung ist im Umfang geringer als eine Prüfung, kann aber dennoch sinnvoll eingesetzt werden, um den Lernfortschritt der Studierenden zu sichern.

Die Praxisbeispiele variieren auch im Umfang und in den Voraussetzungen für die lehrende Person. Im ersten Beispiel wird eine ressourcenarme Transformation von einem SPSS- zu einem R-Kurs vorgestellt. Im zweiten Beispiel konnten die umfangreiche Neukonzeption, die Umsetzung und die Erstellung zusätzlicher Lernmaterialien durch eine Förderung des Fachbereichs aus den dezentralen Mitteln zur Verbesserung der Qualität der Studienbedingungen und der Lehre (QSL-D) erbracht werden. Der Umfang der Förderung umfasste eine 25 %-Aufstockung eines wissenschaftlichen Mitarbeiters sowie zwei studentische Hilfskräfte mit je 40 Stunden pro Monat für ein Jahr.

Kategorie	Beispiel 1	Beispiel 2
Studiengang, Semester	Bachelor, Wintersemester	Bachelor, Sommersemester
Fachsemester nach Verlaufsplan	3	4
Vorangegangene Methodenmodule/CP	1 Modul (6CP), bestehend aus Vorlesung und Seminar	2 Module (20 CP) + Vorlesung Statistik I (3 CP)
Parallel stattfindende Veranstaltung	Seminar (6 CP, gemeinsames Modul)	Vorlesung Statistik II (3 CP)
Relevant für Modulprüfung/ verpflichtender Nachweis	nur indirekt (Interpretationsleistung)	nein, nur Vorleistung
Voraussetzung für Lehrende	gering gehalten	umfangreich (variiert je nach gewählten Add-On)
finanzielle Förderung für das Lehrprojekt	nein	ja (25 % WiMi-Stelle, 2 Tutor:innen (40h/Monat) für ein Jahr)

Tabelle 2: Überblick der Kontextbedingungen (eigene Darstellung)

4. Lehrkonzept 1: Anwendungsorientiertes Lernen quantitativer Forschung

Im Herbst 2020 wurde am Standort Marburg begonnen Ideen zu sammeln, ob und wie die bisherige statistische Ausbildung im BA Politikwissenschaft vom bisherigen Softwareangebot SPSS auf R und RStudio umgestellt werden kann. Dies war zum einen motiviert durch die vielfältigen Möglichkeiten, welche R bezüglich der Unabhängigkeit von Entwicklungszyklen lizenzierter Statistik-Software bietet, und zum anderen in der konsequenten Umsetzung des Open Science-Gedanken durch das Arbeiten mit *Open Access*-Programmen bereits ab der grundständigen Lehre.

Ausgangspunkt SPSS

Um die Umstellung des Softwareangebots zu leisten, wurden Lösungen (*Packages* und Funktionen) gesammelt, um die bisher mit SPSS behandelten statistischen Verfahren in R zu reproduzieren. Damit sollte gewährleistet werden, dass die gleichen Ausbildungsziele abgedeckt werden können. Besonders die Anforderung, jeden analytischen Schritt auch gewichtet zu rechnen, stellte sich dabei als Schwierigkeit heraus, da hierfür in den gängigeren Paketumgebungen nicht immer eine Funktion angeboten wurde. Zusätzlich sollte die Anzahl der notwendigen Pakete gering sein, um die Vielfalt im Funktionsaufbau zu begrenzen und Fehlermeldungen aufgrund von Inkompatibilität zwischen den einzelnen Paketen zu vermeiden.

Nachdem alle Schritte der Datenverarbeitung und -analyse mit Funktionen abgedeckt waren, wurde ein erstes Kurskonzept entwickelt. Das Vermitteln der Programmiersprache wurde auf das Nötigste begrenzt und der Kurs sehr anwendungsorientiert gestaltet. Der Kurs wurde zunächst in extra-curricularen Formaten getestet und weiterentwickelt.

Im Wintersemester 2023/24 wurde schließlich R zum ersten Mal in der statistischen Ausbildung der Pflichtlehre im BA angeboten. Im Rahmen des abschließenden Erfahrungsberichtes werden hierzu Erkenntnisse vorgestellt.

Der entwickelte Kurs kann damit für Dozierende interessant sein, die einen einfachen Übergang von SPSS zu R in der Methodenlehre suchen und nur über begrenzte Lehrkapazitäten verfügen. Mit dem starken Anwendungsbezug und der Auswahl an Funktionen, welche die gängigen Verfahren der statistischen Grundausbildung abdecken, können vertraute Unterrichtsmuster als Einstieg beibehalten werden, um die wenigen Wochenstunden bestmöglich zu füllen. Eine Voraussetzung für Dozierende sind dabei grundlegende bis leicht fortgeschrittene Kenntnisse in R sowie eine vergleichsweise geringe Einarbeitungszeit.

Ziele und didaktische Überlegungen

Die Zielsetzung des Kurses besteht vor allem in der Vermittlung einer grundständigen Statistikkompetenz. Dies wird von dem Angebot zum Aufbau einer Softwarekompetenz in R und RStudio begleitet, um statistische Analysen auf dem Niveau der BA-Ausbildung selbstständig durchführen zu können. Durch die Anwendungsorientierung soll die intrinsische Motivation dazu erhöht werden. Darüber hinaus soll Studierenden vermittelt werden, welche Möglichkeiten bestehen, sich selbstständig Lösungen zu erarbeiten. Dies soll geleistet werden, indem einführend grundständige Kenntnisse der Programmiersprache vermittelt werden. Anders als in vielen einführenden R-Kursen wurde dieser Teil auf ein notwendiges Minimum reduziert, um Studierende mit den Eigenlogiken des Programmierens nicht zu überfordern. Sie sollen nach dieser Einführung über ausreichende Kenntnisse verfügen, um sich in der R-Community zurechtzufinden. Dafür lernen die Studierenden grundständigen Funktionsaufbau sowie die Objektarten kennen und einzelne *base* R-Funktionen. Außerdem werden an dieser Stelle auch die *Pipe*-Operatoren vorgestellt, um von Anfang an eine übersichtliche und gut lesbare Code-Schreibweise zu vermitteln. Diese Einführung

Eigenständige Lösungen in einem verständlichen Umfeld

umfasst drei bis vier Sitzungen und wird von Teilnehmenden meist als sehr abstrakt empfunden, was sich demotivierend auswirken kann. Daher sollte zu Beginn unbedingt auf Anwendungsbeispiele eingegangen werden, um den persönlichen Nutzen zu vermitteln. Zusätzlich ist zu empfehlen, auch diesen einführenden Teil mit kleineren begleitenden Übungen zu gestalten.

Nach dieser Einführung in die Programmiergrundlagen und der Erarbeitung eines soliden Grundverständnisses von Funktionen und deren Anwendung, folgt der Kurs relativ üblichen Inhalten der quantitativen Methodengrundausbildung in der Politikwissenschaft. Dies umfasst die Datenverarbeitung, uni- und bivariate Datenanalyse, multivariate Datenanalyse sowie das Erstellen von Grafiken (Schwerpunktsetzung kann dabei variiert werden). Dabei liegt der Fokus auf der Vermittlung konkreter praktischer Lösungen zu statistischen Problemen, welche sich innerhalb dieser inhaltlichen Schwerpunkte stellen. Dazu werden die Methoden kurz erläutert und die von uns ausgewählte Funktion zu deren technischer Umsetzung vorgestellt. Die Funktionsauswahl unseres Kurses deckt dabei alle erforderlichen Schritte ab, um selbstständig quantitative Analysen auf BA-Niveau durchführen zu können. Die Studierenden erhalten mit den angebotenen Funktionen eine Art *Safe Space*, in dessen Rahmen sie arbeiten können, auch wenn ihr Grundverständnis der Programmierlogik in R nur rudimentär ausgeprägt ist. Über die Vermittlung dieser Funktionen soll das Verständnis vertieft werden, aber auch die Motivation durch den durchgehenden Anwendungsbezug aufrechterhalten bleiben.

Selbsthilfe

Um Studierenden darüber hinaus die Möglichkeit zu geben, sich autodidaktisch weiterbilden zu können, werden auch Möglichkeiten zur Selbsthilfe vermittelt. Dies umfasst die Hilfesuche in einschlägigen Foren wie *stackoverflow*, die Arbeit mit *Large Language Models* (LLMs, z.B. ChatGPT) sowie ein lokales Netzwerk, in das alle neuen Teilnehmenden eingeladen werden. Die Hilfesuche in Online-Foren erfordert die vermittelten Grundlagenkenntnisse der Programmiersprache sowie des entsprechenden *Wordings*, da der Austausch hier meist zwischen eher fortgeschritteneren Anwender:innen erfolgt. Dennoch kann die R-Community als hilfsbereit eingeschätzt werden, die ggf. auch dabei hilft, Verständnisprobleme aufzuklären. Für das Suchen von Funktionen über LLMs gibt es bereits erste Erkenntnisse (Döring 2023, Chen et al. 2023), die deren Antwortqualität untersucht haben. Sie zeigen, dass die Antworten der LLMs zwar zu anwendbaren Lösungen führen, aber nicht selten auch in verschiedenen Problemen resultierten, deren Identifikation eher tiefergehende Kenntnisse der Programmiersprache R voraussetzen. Zusätzlich variiert die Qualität der Antworten der gleichen LLMs auch über die Zeit. LLMs werden daher vor allem als unterstützendes Tool gesehen, ersetzen aber nicht das individuelle Auseinandersetzen mit den angewendeten Funktionen. Das dritte Instrument zur Unterstützung der ersten Schritte in R und zur eigenen Vertiefung ist der Aufbau eines lokalen Netzwerks von Kursteilnehmenden. Wir bieten den Kurs sowohl für Studierende als auch für Wissenschaftler:innen in der Qualifikationsphase an. Alle Kursteilnehmenden laden wir in einen gemeinsamen Gruppenchat ein, welcher dem Aufbau einer lokalen Community dient. Hier können Fragen gestellt werden und die Beantwortung erfolgt von Menschen mit dem gleichen Einstieg und damit Zugang zu R. Die Antworten erfolgen daher aus einer ähnlichen Perspektive, so dass das gegenseitige Verständnis eher gewährleistet ist als in den genannten Foren. Community

Eine der größten Hürden in der Umsetzung dieser Zielsetzung sind die begrenzten Lehrkapazitäten der gesamten Methodenausbildung im BA Politikwissenschaft, was an vielen anderen Standorten nicht anders ist. Eine geeignete Schwerpunktsetzung zwischen statistischen Grundlagen, analytischen Methoden und dem Aufbau der Softwarekompetenz zu finden, stellt eine besondere didaktische Herausforderung dar. Grundsätzlich ist zu appellieren, dass Kapazitäten erhöht werden sollten, um für diese drei Schwerpunkte solide Grundlagenkenntnisse zu vermitteln und den steigenden Anforderungen an Datenkompetenz gerecht zu werden. Die Softwareausbildung sollte im Idealfall in einem eigenen Lehrkapazitäten

Seminar gelehrt werden.[2] So könnten Kompetenzen ausgebildet werden, welche den dynamischen Anforderungen verschiedener digitaler Daten und neuer methodischer Entwicklungen besser gerecht werden. Dies könnte auch dazu beitragen, die zunehmende Nachfrage dieser Kompetenz eher abzudecken. Dem Anspruch einer stärker eigenständigen Programmier-Ausbildung kommt das zweite Kurskonzept (Kapitel 5) nach. Im Marburger Fall wurde angesichts des knappen zeitlichen Umfangs entschieden, vor allem das Verständnis von Statistik und Analysemethoden zu fokussieren und die Softwareausbildung auf ein Minimum zu begrenzen.[3] Sie wird in der Pflichtlehre daher eher begleitend vermittelt. Um dennoch einen Zugang zur eigenständigen Arbeit mit R und RStudio zu eröffnen, haben wir den bereits genannten

Safe Space

Safe Space kreiert, welcher möglichst viele Probleme (bspw. Suche nach geeigneten Funktionen, Code-Probleme), die das Arbeiten mit R mit sich bringen kann, zunächst ausschließt. Durch die getroffene Auswahl von geeigneten Ökosystemen und Paketen, welche keine (bedeutsamen) Code-Probleme untereinander aufweisen, können diese einfach installiert und aktiviert werden, so dass ein Funktionsumfang zur Verfügung steht, welcher die gelehrten statischen Methoden in der Grundausbildung vollumfänglich abdeckt. Nach der Vermittlung eines grundständigen Verständnisses zur Arbeit mit R sollte diese Funktionsauswahl einfach auf neu gelernte Methoden angewandt werden können. Auch wenn hierdurch keine grundständige Programmierkompetenz aufgebaut werden kann, schafft dieser Ansatz einen ersten möglichst niedrigschwelligen Zugang zu R und zu den ersten eigenen Analysen, ein grundständiges Verständnis der Arbeitsweise und idealiter eine Grundlage für den Aufbau intrinsischer Motivation.

2 Simon Munzert (2018) hat dies bereits 2014 auf der Jahrestagung der DVPW-Sektion Methoden gefordert.

3 In wechselnden Angeboten des Wahlbereiches kann die Softwarekompetenz vertieft werden.

Dieser Anspruch wird unterstützt durch das begleitende e-Book, das als Nachschlagewerk aller verwendeten Funktionen dienen soll und über *GitHub* frei zur Verfügung steht.[4] Darin wird einleitend die Bedeutung von R vorgestellt und auf weiterführende Literatur verwiesen. Die nächsten beiden Kapitel führen in die Arbeit mit RStudio ein und erläutern die Grundlage der Programmiersprache R. Die darauffolgenden vier Kapitel beinhalten Funktionen zu den Schritten Datenverarbeitung, Datenanalyse und grafische Ergebnispräsentation. Die einzelnen Funktionen werden dabei in ihrer syntaktischen Schreibweise kurz erläutert und deren Anwendung an einem Beispiel präsentiert. Die verwendeten Funktionen können somit direkt kopiert und für die eigene Anwendung entsprechend modifiziert werden.

e-Book als Nachschlagewerk

Daneben hat sich gezeigt, dass eine starke Anwendungsorientierung zentral ist, um auch weniger intrinsisch motivierte Studierende zu erreichen. Zu Beginn des Kurses sollte anhand von Anwendungsbeispielen vermittelt werden, mit welchem Empowerment der Kompetenzaufbau in diesem Bereich einhergeht. Dies umfasst das kritische Begutachten von quantitativen Arbeiten, die eigenständige datenanalytische Arbeit unabhängig von lizenzierter Software sowie damit einhergehend den Aufbau einer höchst arbeitsmarktrelevanten Kompetenz. Die Vorstellung politikwissenschaftlicher Arbeiten, welche ihre Forschungsfragen mit der Arbeit in R beantworten konnten, dient dazu, an das Interesse der Studierenden sowie an das aufgebaute politikwissenschaftliche Verständnis anzuknüpfen, um die Bedeutung dieser Kompetenz für das politikwissenschaftliche Arbeiten unmittelbar zu veranschaulichen. Begleitend zum Seminar soll eines dieser Beispiele verwendet werden, um die datenanalytischen Schritte im Forschungsprozess praxisnah zu vermitteln.[5] Zusätzlich

Anwendungsorientierung

4 Link zum e-Book: https://rloesung.github.io/RWorkshop/

5 Im e-Book (Stand 2024) ist hierfür ein Paper verwendet worden, welches mit den Allbus-Daten 2018 arbeitet. Dies kann durch ein eigenes gewähltes aktuelleres Beispiel ersetzt werden. Empfohlen wird jedoch, darauf zu achten, dass die einzelnen Datenverarbeitungs- und -analyseschritte möglichst rekonstru-

wird empfohlen, den Studierenden Raum zu geben, eigene datenanalytische Problemstellungen einzubringen. Dies soll zur weiteren Motivationssteigerung beitragen und dazu anregen, sich in die datenanalytische Forschungsperspektive zu begeben.

Kursstruktur

Gemäß der genannten Kursziele und didaktischen Überlegungen sollen konkrete Erfahrungen aus der praktischen Umsetzung geschildert und mögliche Herausforderungen beleuchtet werden, um die inhaltliche Struktur greifbar aufzuzeigen. Der Zielsetzung des vorangegangenen Kapitels folgend liegt der primäre Lehrfokus darauf, Statistikkompetenzen zu vermitteln. Dennoch sollen den Studierenden begleitend nicht nur technische Fertigkeiten vermittelt werden. Vielmehr soll ihnen auch ein Angebot gemacht werden, um ihre eigenen Forschungsinteressen mit Hilfe von R zu verfolgen und zu vertiefen.

Die Studierenden sollen durch den Kurs motiviert werden, eigene Datensätze zu nutzen und statistische Analysen durchzuführen, die für ihre individuellen Forschungsprojekte relevant sind. Diese praxisorientierte Herangehensweise fördert nicht nur das technische Verständnis, sondern stärkt auch die intrinsische Motivation der Studierenden, was für einen nachhaltigen Wissenserwerb essenziell ist und in vier Lernblöcken abgebildet werden kann (siehe Abbildung 1).

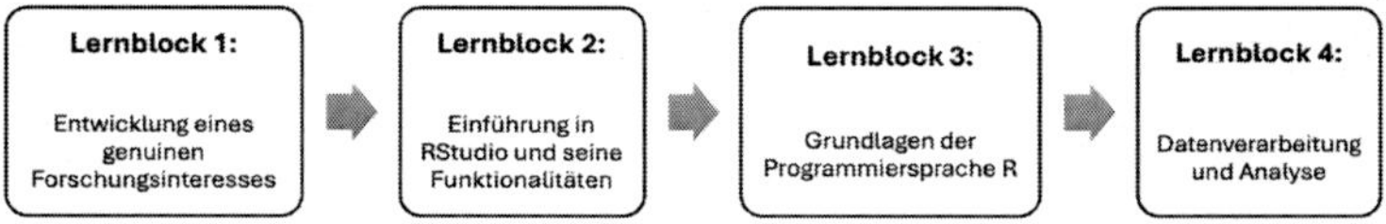

Abbildung 1: Kursstruktur (alle Abbildungen in diesem Band: eigene Darstellung)

ierbar abgebildet sind und die verwendeten Methoden nicht über die Zielsetzung der Grundausbildung hinausgehen.

Entwicklung eines genuinen Forschungsinteresses

Im ersten Lernblock geht es darum, dass die Studierenden mit ihren eigenen Daten und Analysen ein tiefes, genuines Forschungsinteresse entwickeln. Dabei ist es wichtig, dass sie sich überlegen, warum R für ihre spezifischen Projekte relevant ist. Diese Verknüpfung zwischen dem eigenen Forschungsinteresse und der Anwendung der Programmiersprache R und Analyseumgebung RStudio ist entscheidend, um den fortschreitenden Wissenserwerb zu sichern.

Zu Beginn des Kurses werden die Studierenden ermutigt, ihre eigenen Forschungsfragen und Hypothesen zu formulieren und zu überlegen, wie ihnen R als statistische Programmiersprache dabei helfen kann, diese Fragen zu beantworten. Dieser Prozess ist zentral, denn Studierende, die keine intrinsische Motivation aufbauen, werden voraussichtlich wenig Nutzen aus dem Kurs ziehen können. Nach der Formulierung der eigenen Forschungsinteressen werden die Studierenden in den Ursprung der Programmiersprache R eingeführt. Die Studierenden erfahren, warum R als statistische Programmiersprache entwickelt wurde und welche Vorteile es gegenüber anderen Softwarelösungen bietet. Gleichzeitig wird aber auch auf die Tücken und Schwierigkeiten hingewiesen, die mit der Nutzung von R einhergehen. Im Gegensatz zum SPSS-Analyseprozess, bei dem vermehrt Auswahltafeln gedrückt werden können (Click and Play), erfordert R eine längere Einarbeitungszeit und kann mit viel Frustration verbunden sein. Um die Studierenden dennoch bei der Stange zu halten und weiter zu motivieren, werden in dieser Phase immer wieder kleinere Einblicke in selbst durchgeführte Projekte sowie interessante Anwendungen aus der R-Community gegeben. Diese Praxisbeispiele werden in Zusammenarbeit mit den Studierenden eng mit ihren eigenen Ansätzen verknüpft, was sich als äußerst fruchtbar erwiesen hat.

Relevanz von Datenkompetenz

Zudem sollten sich die Studierenden immer wieder hervorrufen können, warum sie an diesem Kurs teilnehmen möchten. Eine ausdrückliche Betonung der Relevanz und des praktischen Nutzens der erlernten Fähigkeiten für ihre zukünftigen akademischen und beruflichen Laufbahnen sowie mögliche intrinsische Anreize des Wissenserwerbs sind dafür hilfreich. Damit wird das nötige Fundament für ein anhaltendes Interesse und eine andauernde Motivation gelegt, selbst wenn sie auf unvermeidbare Herausforderungen stoßen.

Dieser Ansatz erzeugt zuverlässig eine solide Grundlage für den weiteren Verlauf des Kurses. Die Studierenden entwickeln so ein tieferes Verständnis für die Ausgangsbedingungen statistischer Analysen und eine stärkere Verbindung zu ihren eigenen Forschungsprojekten, was letztlich zu einem nachhaltigeren Lernerfolg führt.

Motivation durch Anleitung

Gemäß der bisherigen Erfahrung ist es wertvoll, dass Studierende eigene Daten benutzen. Sollten sie noch keine konkrete Idee für ein eigenes Forschungsprojekt und eine entsprechende Forschungsfrage haben, können Daten und Datensätze verwendet werden, die klassischerweise im Studiengang genutzt werden. Dabei bietet sich besonders der ALLBUS (Allgemeine Bevölkerungsumfrage der Sozialwissenschaften) an, welcher auch beispielhaft im e-Book zum Kurs verwendet wird. Dies hilft den Studierenden, sich an bewährten Datensätzen zu orientieren und gleichzeitig relevante Forschungsfragen zu entwickeln. Zum Beispiel bestand in einem konkreten Fall das Interesse an den Fragen zum Vertrauen gegenüber verschiedenen Institutionen und möglichen Erklärungen dieses Vertrauens. Dafür wurden die Vertrauenswerte zunächst univariat ausgewertet, einer explorativen Faktorenanalyse unterzogen, ein Index gebildet und mit diesem bi- und multivariate Analysen durchgeführt.

Einführung in RStudio und seine Funktionalitäten

Im zweiten Lernblock des Kurses liegt der Schwerpunkt darauf, den Studierenden die anfängliche Angst vor der Benutzeroberfläche RStudio zu nehmen und ihnen das Vertrauen zu vermitteln, sich in dieser Umgebung sicher zu bewegen. Durch die Einführung in die verschiedenen *Panels* und deren Funktionen soll den Studierenden gezeigt werden, wie RStudio ihnen bei der Analyse und Verwaltung ihrer Daten helfen kann.

Ein Hauptziel ist es, den Studierenden die Bedeutung der R-Konsole als Herzstück der Programmierumgebung zu verdeutlichen. Indem ihnen erklärt wird, dass jede Aktion in R eine Funktion ist, die in der Konsole ausgeführt wird, soll ihnen das Verständnis und die Sicherheit gegeben werden, sich in dieser technischen Umgebung zurechtzufinden.

Ein weiterer wichtiger Aspekt dieses Lernblocks ist es, den Studierenden zu zeigen, wie sie ihre Daten effektiv einsehen und später verwalten können. Das Panel *Environment* hilft ihnen dabei, einen Überblick über ihre Variablen und Objekte zu behalten, während das Panel *History* ihnen ermöglicht, ihre vorherigen Eingaben nachzuverfolgen. Eine frühe Vermittlung dieses Wissens trägt dazu bei, dass sie ihre Analysen besser organisieren und nachvollziehen können.

Die Einführung in die weiteren Reiter wie *Files*, *Plots*, *Packages*, *Help* und *Viewer* bieten den Studierenden Werkzeuge, um ihre Projekte zu strukturieren, grafische Darstellungen einzusehen und auf Hilfsressourcen zuzugreifen. Besonders die *Help*-Funktion ist wertvoll, da sie Zugang zu Dokumentationen und Vignetten der einzelnen Pakete und Funktionen bietet. Dies stärkt das Gefühl der Handhabbarkeit und Nutzbarkeit von RStudio und erleichtert den Einstieg in komplexere Analysen.

Zudem wird erklärt, was den Safe Space in diesem Kurs so besonders macht. Es werden vor allem drei große Ökosysteme genutzt: *tidyverse*, *strengejacke* und *easystats*. Das tidyverse-Ökosystem hat den großen Vorteil, dass es auch außerhalb des wissenschaftlichen Betriebs weit verbreitet ist und ein Kernstück der Datenverarbeitung und -aufbereitung in R. Dadurch erlangen die Studierenden die Fähigkeit, auch in anderen Projekten schnell teilhaben zu können, da ein Großteil datengetriebener Arbeiten mittlerweile mit dem tidyverse durchgeführt wird. Das strengejacke-Ökosystem vereinfacht die Datennutzung mit Datensätzen aus SPSS, also *.sav*-Dateien, die in den Sozialwissenschaften immer noch maßgeblich genutzt werden. Hier geht es vor allem um die Datenaufbereitung und -beschriftung. Dies ermöglicht den Studierenden, Daten effizient zu verarbeiten und ihre Änderungen am Datensatz zu dokumentieren. Das easystats-Ökosystem ist besonders nützlich, wenn es um umfassendere statistische Analysen geht. Diese drei Ökosysteme greifen ineinander und bieten eine konsistente und störungsfreie Arbeitsumgebung, da sie keine Integrationsprobleme miteinander haben, wie beispielsweise sich überschneidende Funktionsnamen. Zudem wird der Installationsprozess der genannten Ökosysteme erklärt und wie das CRAN-Netzwerk es ermöglicht, Pakete sicher herunterzuladen und zu installieren. So gewinnen die Studierenden einen ersten Einblick in die Open Science Community, und die Kollaborationsmöglichkeiten in der quantitativen Sozialforschung werden aufgezeigt.

Durch die Integration von RMarkdown bzw. Quarto lernen die Studierenden darüber hinaus, wie sie ihre Analysen dokumentieren und mit Erklärungen versehen können. Dies fördert nicht nur ihr Verständnis von R als vielseitiger Plattform, sondern auch ihre Fähigkeit, ihre Arbeit nachvollziehbar zu gestalten und mit anderen zu teilen.

R-Projekte

Zusätzlich legen die Studierenden unter Anleitung ein gemeinsames R-Projekt an, welches ihnen hilft, die Bedeutung des *Working Directory* zu erkennen und ein Gefühl dafür zu entwickeln, wie sie ihre Dateien und Analysen in einem einzelnen Projekt organisieren können. Dabei wird kurz darauf eingegangen, wie RStudio eine Versionskontrolle über Plattformen wie z.B. GitHub ermöglicht und inwiefern dies besonders für zukünftige Zusammenarbeit und berufliche Anwendungen wertvoll sein kann. Der gewählte Einstieg soll den Studierenden die Angst vor der komplexen Oberfläche RStudio nehmen und ihnen Sicherheit im Umgang mit ihrem Projekt vermitteln.

Eine wichtige Erfahrung war, dass die Installation der Pakete und Ökosysteme vor dem Kurs von großem Vorteil ist. Dadurch wird verhindert, dass die Studierenden in Zeitverzug geraten und den Kursinhalt nicht vollständig erfassen können. Sollte die Installation vor Kursbeginn nicht erfolgt sein, empfiehlt es sich, zusätzlich studentisches und/oder Lehrpersonal bereitzustellen, das gezielt bei Installationsproblemen helfen kann. Dies verhindert, dass der Kurs insgesamt ins Stocken gerät, und stellt sicher, dass alle Studierenden optimal betreut werden und den vollen Nutzen aus dem Kurs ziehen können.[6]

Grundlagen der Programmiersprache R

Der dritte Lernblock des Kurses fokussiert auf die Grundlagen der Programmiersprache R. Ziel ist es, den Studierenden ein rudimentäres Grundlagenwissen von Programmierung zu vermitteln und ihnen die notwendigen Kenntnisse zur eigenen Umsetzung an die Hand zu geben.

Zu Beginn werden Objekte in Form von Variablen definiert, indem einfache Rechnungen mit dem Zuweisungsoperator → einer Variable zugeordnet werden. Die Studierenden speichern diese Variablen, betrachten sie im Panel Environment und überlegen sich Rechenabfolgen, um die Variablen wiederzuverwenden. Dieser Prozess schafft ein Bewusstsein dafür, dass Programmiersprachen eine konzeptionelle Abfolge von Berechnungen darstellen. Studierende lernen, dass R ein Ineinandergreifen von Rechenoperationen ermöglicht, unabhängig vom Input.

Der nächste Schritt ist das Verständnis von Funktionen in R. Funktionen sind zentrale Elemente in einer Programmiersprache, die in R einen Namen haben und mit Klammern abschließen, wobei in den Klammern Argumente stehen. Dies wird anhand der Importfunktion von Datensätzen veranschaulicht. Indem die Studierenden ihren eigenen Datensatz hochladen und ihn anschließend betrachten, entwickeln sie ein Gespür dafür, wie Daten in R abgelegt werden. Anschließend wird das Hilfe-Verzeichnis genutzt, um die Struktur und Funktionsweise dieser Funktion besser zu verstehen. Dies stärkt die praktische Fähigkeit zur Selbsthilfe und gibt die Möglichkeit, verschiedene Inputs von Argumenten anzusprechen. Danach bieten sich kleine Übungen an, um die Studierenden erste einfache Funktionen mit ihrem Datensatz ausprobieren zu lassen, was ihr Verständnis sowie ihre Sicher-

6 Eine Alternative dazu wäre, zumindest zu Beginn, den Zugang über RStudio/Posit Cloud anzubieten. Das erspart zunächst die Hürden, welche durch die Installation für Studierende entstehen können. Siehe dazu im zweiten Fallbeispiel des Abschnitts „Nutzung der RStudio-Cloud".

heit im Umgang mit R stärkt und das eigene Forschungsprojekt zum ersten Mal greifbar macht.

Nachdem die grundlegende Idee von Funktionen und Argumenten verinnerlicht wurde, sollen sich die Studierenden mit Datenobjekten und Datentypen beschäftigen. Ihnen wird gezeigt, wie Variablen durch Vektoren definiert werden können und dass ein Vektor eine Sequenz aus Elementen eines einzigen Datentyps beschreibt. An dieser Stelle lernen die Studierenden die vier gebräuchlichen Datentypen in R. Anschließend werden die Vektoren zu einem größeren Objekt, einem Datensatz, zusammengeführt. Dies vermittelt den Studierenden die Modularität von R und das Verständnis, dass alle Daten in R in Vektoren gedacht werden. Um diese Modularität anschaulich zu machen, hat sich eine Analogie mit Legosteinen bei der Erläuterung bewährt: Datentypen sind die einfachsten Bausteine, die zu einer Datenreihe, einem Vektor, zusammengesteckt werden können. Viele Vektoren wiederum lassen sich wie Legosteine zu einem größeren Objekt, einem Datensatz, zusammenfügen, ähnlich wie Legosteine zu einem Haus. Diese bausteinartige Darstellung hilft vielen Studierenden, die Modularität und Flexibilität von R zu verstehen. Diese Erkenntnis bereitet sie darauf vor, ihre Daten frei und flexibel zu verwalten und neue Datenstrukturen zu nutzen, was im Gegensatz zur traditionellen SPSS-Erfahrung steht.

Pipe-Operator

Ein weiterer wichtiger Schritt für die Studierenden ist die Einführung in die Verwendung des Pipe-Operators, der die Verkettung von Funktionen ermöglicht und die Lesbarkeit sowie Dokumentation des R-Codes verbessert. Durch das Verständnis dieses Operators können die Studierenden komplexe Analysen effizienter durchführen und ihre Ergebnisse klarer dokumentieren.

Ziel dieser Lerneinheit ist die Entwicklung eines rudimentären Verständnisses für die Struktur und Funktionalität der Programmiersprache, um ein hinreichendes Fundament im Umgang mit eigenen Datenanalysen zu gewinnen.

Eine wichtige Erfahrung ist, dass die Studierenden auch durch die abstrakten Darstellungen mit Praxisbeispielen begleitet werden müssen. Entscheidend ist, immer wieder zu betonen, warum die einzelnen abstrakten Lernschritte – von der Variablendefinition über die Funktionsschreibweise bis hin zum Verständnis des Pipe-Operators – unmittelbar für den nachstehenden Lernblock der Datenverarbeitung relevant sind. Dies verhindert, dass die Studierenden durch den abstrakten Inhalt überfordert werden und möglicherweise das Interesse verlieren. Zudem ist es hilfreich, hin und wieder einzelne kleine Beispiele oder sogar Übungen einzubinden, um das Gelernte zu festigen und die Relevanz der Lernschritte praktisch zu veranschaulichen.

Datenverarbeitung und Analyse

Lernblock 4 ist der wichtigste und weitreichendste Abschnitt unseres Kurses. Ab diesem Punkt werden die Studierenden weitgehend frei in ihrer Analyse des eigenen Forschungsprojekts arbeiten und nur noch durch gezielte Hilfestellungen begleitet.[7] Mit dem Beginn der Datenverarbeitung nehmen die Studierenden erstmals eine Restrukturierung ihres eigenen Datensatzes vor. Dabei lernen sie, Daten zu filtern, zu selektieren und zu rekodieren, und kommen so zu einem freien Umgang mit ihren Daten. Dies markiert einen entscheidenden Schritt, bei dem oft die ersten Problemstellungen, Nachfragen und Verwirrungen auftreten.

Um diese Herausforderungen zu bewältigen, ist es hilfreich, Probleme von Teilnehmenden im gesamten Kurs zu besprechen und das e-Book als Glossar und Nachschlagewerk für auftretende Probleme aktiv einzubinden. Dies stärkt die Selbsthilfekultur innerhalb des Kurses und ermöglicht es den Studierenden, eigenständig Lösungen zu finden. Das Kapitel zur Datenverarbeitung im e-Book eignet sich hierfür besonders gut, da die Funktionen hier noch relativ einfach sind und die Studierenden lernen können, spielerisch mit ihrer Datengrundlage umzugehen und erste Erfolgserlebnisse zu erzielen.

7 Der Umfang der Hilfestellung ist abhängig von den mitgebrachten statistischen Grundlagen der Studierenden. Im Pflichtmodul des BA Politikwissenschaft in Marburg lernen Studierende einen Großteil der statistischen Verfahren neu, so dass dies eine umfassendere Einführung erfordert.

Eigene Beispiele und Übungen können ergänzend hinzugefügt werden, um den Lernprozess zu unterstützen. Aufbauend auf diesen Grundlagen führt der Kurs die Studierenden in die univariate, bivariate und multivariate Datenanalyse ein. Eine zusätzliche Lerneinheit widmet sich der grafischen Aufbereitung von Daten, sofern dies im Kurs als relevant erachtet wird.

Die Studierenden werden bewusst aufgefordert, ihre Fähigkeiten im Umgang mit R zu vertiefen, eigenständig Datenanalysen durchzuführen und dadurch ihr Verständnis und ihre Kompetenzen nachhaltig zu erweitern. Durch gezielte Unterstützung und das Fördern der Selbstständigkeit wird dieser Abschnitt zu einem entscheidenden Meilenstein in ihrer Ausbildung.

Ein häufiger Fallstrick ist, dass sich Studierende im ersten Moment sehr überfordert fühlen, Funktionen selbst auszuprobieren, und Angst haben, etwas „kaputt" zu machen. An diesem Punkt ist es entscheidend, dass der Kursleitende den Studierenden klar macht, dass jede Analyse und jeder Umgang mit den Daten ein notwendiger Wachstumsschritt im Lernprozess ist. Wirkliches Verstehen und Verinnerlichen von Programmierbefehlen erfolgt nur durch eigene Auseinandersetzung und das Machen sowie Provozieren von Fehlern.

Für schwächere Studierende kann es hilfreich sein, zunächst *Copy-Paste*-Techniken zu nutzen und nur rudimentäre Anpassungen innerhalb der Argumente der Funktionen vorzunehmen, um Frustration zu vermeiden und Fortschritte zu erzielen. Von diesem Ausgangspunkt aus kann eine selbstbestimmte und selbstwirksame Arbeitsweise etabliert werden.

Fazit

Mit dem Abschluss des Kurses sollten die Studierenden den gesamten quantitativen Analyseprozess durchlaufen haben. Sie haben sich von der Formulierung der Forschungsfrage über die Hypothesenbildung bis zur Auswahl der Analysemethoden Gedanken gemacht und gelernt, wie sie diesen Prozess in R nicht nur ausführen, sondern auch dokumentieren können. Die Kursstruktur folgt dabei dieser Logik von der ersten Datenaufbereitung bis zum Aufstellen von multivariaten Modellen. Diese Praxisorientierung hat aber den Nachteil, dass anfänglich die eher mühsamen Datenaufbereitungsschritte behandelt werden und das Risiko von Demotivation erhöht ist. Um dieses Risiko für diese Phase zu reduzieren hat sich bewährt, in der ersten Sitzung grafisch aufbereitete Ergebnisse komplexer Analysen zu präsentieren, um damit den Vorteil von R und den Nutzen des Aufbaus eigener Softwarekompetenz zu veranschaulichen.

Der große Vorteil dieses Kurskonzepts liegt darin, dass die Studierenden für die einzelnen Sitzungen wenig vorbereiten müssen und langsam an die Materie herangeführt werden. Dadurch bleibt ihre Motivation hoch, sich auf ihre eigene Analyse zu konzentrieren und eine intrinsische Motivation für ihr eigenes Projekt aufrechtzuerhalten. Dabei ist es möglich, schwächere Studierende gezielt anzusprechen und zu fördern sowie starken Studierenden wenige Limitierungen setzen zu müssen. Der Abschluss des individuellen Analyseprozesses kann auch als Studien- bzw. Prüfungsleistung verwendet werden, da der Lernfortschritt und die erworbenen Fähigkeiten dokumentiert wurden.

Dass die Softwarekompetenz in der Pflichtlehre eher begleitend in dem geschilderten Umfang vermittelt werden muss, erfordert besondere Anstrengungen, Studierenden den Nutzen zu veranschaulichen und die intrinsische Motivation dafür zu fördern. Gelingt dies, sind Studierende eher bereit, die angebotenen Möglichkeiten dafür zu nutzen und autodidaktisch zu erweitern. Dabei haben sich sowohl der Anwendungsbezug als auch der Safe Space zur Reduzierung der Komplexität als förderlich erwiesen. Der angebotene Funktionsumfang kann mit eigenen Daten genutzt werden, so dass Studierende (auch ohne tieferes Verständnis der Programmiersprache) schnell in die eigene Anwendung einsteigen können. Dabei hat sich gezeigt, dass durch die anfängliche knappe Erläuterung der Programmierlogiken in R ein grundständiges Verständnis des Daten-Handlings aufgebaut werden kann, welches dabei hilft, die Logiken auch auf andere

Funktionen zu übertragen und ggf. selbstständig nach Hilfe zu suchen. Auch wenn der Safe Space die erläuterten positiven Effekte gezeigt hat, ist er dennoch für Einsteiger:innen recht groß. Zur weiteren Reduzierung dieser Komplexität wird derzeit an einer package-Lösung gearbeitet, welche den Funktionsumfang dieses Kurses weitgehend abdecken soll.

Das übergeordnete Ziel des Kurses ist es, die Studierenden umfassend in ihrem statistischen Verständnis zu qualifizieren und ihnen den politikwissenschaftlichen quantitativen Analyseprozess zu vermitteln. Dabei soll ihnen vor allem Spaß und Leidenschaft im Umgang mit R und ihren eigenen Datenanalysen vermittelt werden. Dieses Kurskonzept strebt an, den Studierenden nicht nur technisches *Know-How* zu vermitteln, sondern auch ihre analytischen Fähigkeiten und ihre Freude am wissenschaftlichen Arbeiten nachhaltig zu fördern.

5. Lehrkonzept 2: Kollaborative Datenanalyse mit R

Datenbasierte Entscheidungen spielen eine immer wichtigere Rolle in vielen beruflichen Feldern. Im selben Umfang werden Arbeitsbereiche zunehmend projektorientiert aufgebaut und kollaboratives Arbeiten nimmt eine immer wichtigere Position ein. Vor diesem Hintergrund wurde an der Universität Gießen ein Kurs entwickelt, der neben der Anwendung von Statistik eine stärker projektorientierte, kollaborative Arbeitsumgebung und R als Programmiersprache beinhaltet.

Grundlegend für diese Idee war, dass nicht im gesamten Modul alle bisherigen standardisierten SPSS-Kurse in dieses neue Modell überführt werden sollten, sondern mit diesem Kurs das Angebot diversifiziert werden sollte, um für stärker an quantitativen Methoden interessierten Studierenden die Möglichkeit zu bieten, sich gezielter auszubilden. Hierbei wurde reflektiert, was in anderen Modulen bzw. Themenbereichen der Politikwissenschaft längst Praxis ist: In einem Modul der Internationalen Politik können Studierende nach den Einführungskursen (vergleichbar mit den Statistikvorlesungen und vorherigen Modulen am Standort) interessensgeleitet Vertiefungsseminare wählen. Dieser Punkt wurde aufgegriffen, so dass nicht der standardisierte Grundinhalt der Übung zur angewandten Statistik differiert, sondern weitere Bereiche mit aufgenommen wurden, die für Studierende hinsichtlich ihrer weiteren beruflichen Laufbahn oder weiteren Ausbildung von Interesse sein können. Hierbei sollte nicht unerwähnt bleiben, dass dies nicht für alle Studierenden zutreffen mag, und daher weiterhin ein Angebot bisheriger SPSS-Kurse bestehen blieb.

Interessenheterogenität adressieren

Ein Einwand gegen diese Idee mag sein, dass man somit die leistungsstärkeren (interessierteren) Studierenden aus den anderen Kursen herauszieht. Die Annahme, dass die Interessierten auch zeitgleich immer die leistungsstärksten Studierenden sind, kann in Zweifel gezogen werden. So zeigte sich in der Praxis bisher kein „Exzellenzfilter", der die Lehre in den anderen Kursen erschwerte. Ein Unterschied, der (gewollt) auftritt, ist, dass die intrinsische Motivation in diesem Kurs durchaus höher ist, da die Wahl dieses Kurses bewusst vollzogen wurde (und nicht nur die beste Uhrzeit aus vereinheitlichten Kursen gewählt wurde). Die Spannbreite des Vorwissens war aber wie in den vereinheitlichten Kursen groß.

Interessenheterogenität innerhalb der Methodenlehre so zu entgegnen, stellt sicherlich nicht die einzige Möglichkeit dar, bot aber innerhalb der am Standort Gießen zur Verfügung stehenden Ressourcen eine gute Möglichkeit. Dabei wurde beachtet, dass alle Studierenden in allen Kursen dasselbe Grundgerüst an Analysemethoden kennenlernen.

Im Vordergrund der Kurskonzeption stand dabei die Frage, welche Kompetenzen besonders in einem Kurs für interessierte Studierende, die sich später auch stärker in einem Arbeitsumfeld oder anschließendem Masterstudium mit quantitativen Methoden sehen, im Mittelpunkt stehen sollten. Der Gedanke, auf die Programmiersprache R umzustellen, war dabei von Beginn an Grundstein dieses Lehrprojekts, da die Programmiersprache auch für das weitere Lernen im Masterstudium oder im anschließenden Doktorat vielfältige Möglichkeiten bietet und viel flexibler ist als SPSS. Somit musste aber bei der Konzeption des Kurses nicht nur die Anwendung statistischer Kenntnisse, sondern auch die Vermittlung von Programmierkenntnissen berücksichtigt werden. Denn R lernen heißt zwangsläufig auch Programmieren lernen bzw. eine (Programmier-)Sprache lernen. Dabei kann das Lernen von Programmierschritten mit spezifischen Paketen innerhalb von R geringgehalten werden, wie das Beispiel im Kapitel 4 zeigt. Mit diesem Kurs und mit dem Fokus auf kollaboratives Arbeiten wurde bewusst entschieden, das (übliche) Programmieren mit zu fokussieren. Mit diesem generellen Verständnis einer Programmiersprache könnten auch mögliche weiterführende Anwendungen in anderen Sprachen (wie das viel genutzte Python) trotz Unterschieden in den Sprachen leichter fallen.

Didaktischer Ausgangspunkt

Die Besonderheit der Vermittlung statistischer Anwendungen mit der Programmiersprache R ist Teil der Debatte innerhalb der Lehrbereiche, die empirische Methoden unterrichten. Neben der Infrastruktur und den Ressourcen (Çetinkaya-Rundel und Rundel 2018) werden grundsätzliche Kurskonzeptionen diskutiert und evaluiert (z.B. Braun u.a. 2014; Auker und Barthelmess 2020; Silva und Moura 2020). Daneben werden weitergehende Entwicklungen diskutiert, die neben der Vermittlung von Programmierkenntnissen auch den Umgang mit modernem Projektmanagement verbinden (Bolivar Valdivia 2019; siehe für git Fiksel u.a. 2019). Somit traten insbesondere Erkenntnisse aus anderen Bereichen, die ebenfalls empirische Methoden mit R oder ganz prinzipiell Programmieren unterrichten, in den Vordergrund bei der Kurskonzeption, wobei ein Schwerpunkt auf die Einbindung von kollaborativen Tools wie *git* und ein Projekt-/Prozessverständnis gelegt wurde.

Finanzielle Ressourcen

Für die umfangreiche Umsetzung, Neu-Konzeption und Erstellung zusätzlicher Lernmaterialien dieses Kurses erhielt das Lehrprojekt eine Förderung des Fachbereichs aus den dezentralen Mitteln zur Verbesserung der Qualität der Studienbedingungen und der Lehre (QSL-D). Diese finanzielle Förderung durch QSL-D-Mittel hat somit die notwendigen Ressourcen zur kompletten Neugestaltung des Kurses bereitgestellt.

Da die zusätzlichen *Add-Ons* durchaus auch ein *Mehr* an Arbeitsbelastung für Studierende bedeuten (wobei darauf geachtet wurde, dass diese nicht die angegebenen Arbeitsstunden im Modul überschreitet), wurden weitere Lernmaterialien entwickelt und zusätzliche Tutor:innen für Hilfestellungen angeboten. Ebenso war ein Ziel, die offensichtliche zusätzliche Lernmotivation von Studierenden, die diesen Kurs wählen, zu steigern und deren Interesse besser als bisher in Lernerfolg(e) umzusetzen. Mit diesen Grundideen entstand so eine komplette Neu-Entwicklung eines Einführungskurses, der explizit an quantitativen Methoden interessierte Studierende adressiert.

Im Folgenden werden die Kurskonzeption und der Kursaufbau vorgestellt. Dabei wird auf mögliche Add-Ons eingegangen, die im Rahmen der oben genannten Förderung implementiert werden konnten. Abschließend werden Erfahrungen aus diesem Kurs diskutiert.

Ziele und didaktische Überlegungen

Das primäre Ziel dieses Kurskonzepts und die Motivation dafür liegen klar auf der Hand: Zum einen sollte die Studierendenzufriedenheit erhöht werden, indem das Angebot im Modul ausdifferenziert wird, und zum anderen sollte auch die Lehrmotivation erhöht werden. Denn die bisherige didaktische Umsetzung einheitlicher Standardkurse in einem Programm, das Lehrende teils selbst nicht in der Praxis anwenden, erschien weit entfernt von dem tatsächlichen realen Arbeitsalltag als z.B. Wissenschaftler:in. Vor diesem Hintergrund sollte auch die stärkere Fokussierung auf kollaboratives Arbeiten erfolgen, welches nicht nur in der Wissenschaft in Datenprojekten Standard ist. Somit sollte Studierenden der Nutzen besser vermittelt werden.

Dabei standen folgende Änderungen im didaktischen Aufbau im Vordergrund:

- *Flipped Classroom* & *Blended Learning:* Präsenzzeit effektiv nutzen
- Iterationen in der Anwendung
- Forschungsinteresse von Studierenden nutzen
- Präsenzzeit als *Code Camp:* besseres Zeitmanagement während der Präsenz
- Kollaboration statt Einzelarbeit
- Logik des Prüfens ändern (Einsatz von git)
- Zeit für Administration verringern (Einsatz von git und Cloud)

Erstes Ziel bei der Neukonzeption war eine effektivere Nutzung der Präsenzzeit zur tatsächlichen Unterstützung von Studierenden während der Bearbeitung von Aufgaben. Die Hauptaufgabe eines Lehrenden liegt insbesondere während der quantitativen Anwendung in der Anwendungsunterstützung und beim Troubleshooting. Dem gegenüber steht ein Lehrkonzept, das hauptsächlich auf Vortragsmodus in der Präsenz setzt und Studierende selbstständig mit Übungsaufgaben bis zur nächsten Einheit lässt. Daher wurde früh entschieden, das Lehrkonzept durch einen *Flipped Classroom* zu erweitern (siehe zum *Flipped Classroom:* Lambach und Kärger, 2019). Ziel war es, dass Studierende Inhalte mithilfe eines *Blended Learning* in der Vorbereitung kennenlernen und einüben und somit dann in der Präsenzzeit weitere Übungen mit den neu kennengelernten Funktionen erfolgen können.[8] Mit dieser Entscheidung einher ging die Entwicklung eines umfangreichen Web-Based-Trainings, das das *Blended Learning* ermöglichte. Mit diesen zwei Entscheidungen konnten die Präsenzzeiten auf die Anwendung fokussiert werden bzw. auf die Erörterung von Problemen, die im Lernprozess auftraten. Ebenso konnte mit dem Web-Based-Training als vorhergehendem *Blended Learning* die Iteration von Anwendungsschritten ermöglicht werden. Jede:r weiß: Je öfter man etwas anwendet, desto besser versteht man die Anwendung. Studierende konnten somit in der Vorbereitung der Präsenz mit der ersten Anwendung Schritte erlernen, die dann in der Präsenz mit einem eigenen Forschungsinteresse wiederholt werden. Das Ziel war es, die Erstanwendung unter Unterstützung des Web-Based-Trainings zu belassen, damit Probleme auftreten und Studierende lernen, ihre Probleme auszudrücken bzw. zu beschreiben. Hierbei wurden auch bewusst Probleme geschaffen, um diese dann in der Präsenz zu erörtern. Mit der Einbindung der Vorleistungen für diese Übung wurden nach der Präsenz kleinere Gruppenabgaben eingefordert, in denen das erlernte Wissen ein drittes Mal angewandt wurde.

Flipped Classroom

Blended Learning & Iteration

Durch die Einbindung eines eigenen Forschungsinteresses in der Präsenz wurde die Motivation Studierender erhöht, anstatt eines allgemeinen Beispiels oder von Einheit zu Einheit variierenden Beispielen selbst Variablen auszuwäh-

8 Zur Diskussion der Vorteile in der Programmierlehre siehe Frommherz und Langenhorst (2022) und zur Konzeption eines Anwendungsfalls siehe Kleer und Abendschön (2020).

len, die im Laufe des Semesters untersucht werden sollen. Somit können eigene Schritte in Forschungsarbeiten erprobt werden und der Fokus liegt auf dem Prozess von ersten univariaten Erkundungen, bivariaten Zusammenhängen hin zu multivariaten Verfahren, auf die in Publikationen oftmals beschränkt wird. Über das Semester können Studierende somit ein eigenes Interesse verfolgen und den Prozess eines quantitativen Datenprojekts besser verstehen.

In der Praxis haben Studierende den im Kurs fokussierten Datensatz des *European Social Survey* (Sample beschränkt auf Runde 10 und Deutschland) erkundet und innerhalb der Gruppe entschieden, welche vorhandene Variable sie als abhängige Variable während des Semesters betrachten möchten. So hat sich eine Gruppe entschieden, die Zufriedenheit mit der Demokratie in den Blickpunkt zu nehmen, während sich eine andere Gruppe entschied, das allgemeine soziale Vertrauen zu untersuchen. In den einzelnen Phasen des Kurses (Exploration & univariate Statistik, bivariate Zusammenhänge und multivariate Zusammenhänge) wurde diese Wahl beibehalten und Studierende konnten so im Laufe des Kurses ein Datenprojekt zu ihrer Wahl entwickeln, das die üblichen Schritte der quantitativen Anwendung berücksichtigt.

Ein Teil der Studierenden wählte dabei ein Forschungsinteresse, das im Kontext eines gleichzeitig stattfindenden Seminars in anderen Modulen aufkam. Durch diese Einbindung wurde somit – zumindest für einen Teil der Studierenden – auch die Lücke zwischen statistischer und inhaltlicher Anwendung geschlossen.

Aus der bisherigen Lehrerfahrung zeigte sich, dass eine Kursdurchführung mit eineinhalb Stunden pro Woche manchmal zu Problemen in der Vermittlung führte, da Probleme im Verständnis oder mit Beispielen auftraten und dann nicht ausreichend Zeit blieb, diese zu klären oder den Lerninhalt abzuschließen. Um dem entgegenzuwirken, wurde ein Code Camp konzipiert, das im Universitätsjargon als Blockveranstaltung stattfand. Durch die Bündelung von Zeiteinheiten anhand inhaltlich zusammenhängender Einheiten kann flexibler mit Problemen und Hilfestellungen um-

Code Camp

gegangen und der Zeitdruck minimiert werden. Durch die Fokussierung auf die eigene Anwendung in Präsenz erschienen Blockeinheiten ebenfalls sinnvoller, da Studierende länger brauchen, Neu-Erlerntes anzuwenden, als es Lehrende in der Regel planen. Am Ende jedes Code Camps wurde eine Einheit als Zeitpuffer eingeplant, die entweder in der Präsenz für Probleme und Hilfestellungen genutzt wurde oder um zusätzlichen Inhalt mit den Studierenden zu erlernen. Somit konnte die Lernzeit effektiver genutzt werden.

Neben dem Code Camp wurden alle Arbeiten in Präsenz und als Abgabe für die Vorleistung in einer Gruppe durchgeführt, in die sich die Studierenden selbst einteilen konnten. Ziel ist es, so direkt das kollaborative Arbeiten zu stärken, da in der Realität selten einzelne Forschende an einem Problem arbeiten oder zumindest der Austausch mit anderen besteht. Somit erlernen Studierende Kompetenzen, Anwendungsschritte bzw. Code mit anderen zu teilen und Probleme im Programmieren zu diskutieren. Die Vermittlung dieser Fähigkeit des Benennens bzw. Beschreibens eines Problems fehlte bisher in den durchgeführten Standardkursen. Kollaboration

Neben diesen Grundzielen, die einfacher umzusetzen sind, konnten aufgrund der finanziellen Förderung zwei weitere Tools (Add-Ons) eingebunden werden, die insbesondere das kollaborative Arbeiten unterstützen.

Mit git wurde ein Projektkollaborationstool integriert, so dass die Studierenden erste Schritte in der Projektkollaboration erlernen und anwenden konnten. Sie lernten zu Beginn (geringumfänglich) git anzuwenden und wie sie damit mit den anderen in der Gruppe kollaborieren können. Git stellt ein Standardtool in der Arbeit mit Programmierer:innen oder Datenwissenschaftler:innen dar und erste Einblicke in ein solches Programm und dessen Logik helfen Absolvent:innen beim Berufseinstieg.

Mit dem Einsatz von git ging auch ein Wechsel in der Logik des Prüfens einher. Bisher wurden in den Kursen einmalige Abgaben erbracht, die als *bestanden* bzw. *nicht bestanden* bewertet wurden. Dieses Vorgehen in der Anwendung statistischer Kenntnisse widerspricht aber der tatsächlichen rea- Prüfen len Anwendung. Nicht selten landet man in den Anwendungen vor Problemen, liest, googelt, fragt Kolleg:innen, bessert schließlich Programmcode aus und kommt so über iterative Schritte ans Ziel. Gerade wenn die Abgaben nur mit bestanden bzw. nicht bestanden bewertet werden, kann dies auch über iterative Prozesse erfolgen, ohne anschließend Probleme in der Notenfindung zu verursachen. Die bisherige Praxis wurde schlichtweg aus Mangel an Zeitressourcen gewählt, da ein fortlaufendes Feedback des:r Dozent:in oft nicht möglich ist, denn Lehre macht bisher nur einen geringen – und wenig wertgeschätzten – Teil der Aufgaben der wissenschaftlichen Mitarbeitenden aus.

Durch den Einsatz von git konnte *Continuous Integration* eingesetzt werden und damit der Korrekturprozess (in Teilen) automatisiert werden. Dabei konnte auf eine universitätseigene Gitlab-Distribution zurückgegriffen werden, an der sich Studierende mit ihrem Universitäts-Login anmelden konnten. Continuous Integration ermöglicht es, dass die Abgaben der Studierenden automatisiert überprüft werden. Vereinfacht gesagt geschieht Folgendes: Studierende laden ein Skript hoch, starten die Maschine und die Maschine prüft, ob deren Ergebnis korrekt ist. Dies ist insbesondere möglich mit R, da R objektorientiert ist und somit erstellte Objekte gegenüber Muster-Objekten geprüft werden können. Ist das Ergebnis falsch, gibt es eine Fehlermeldung und einen Hinweis. Die Studierenden überarbeiten ihre Lösung und schicken sie erneut ab. Die lehrende Person muss hierbei ein Musterskript vorbereiten und eventuell Rückmeldungen programmieren, der Zeitaufwand dafür ist aber begrenzt.[9] Insbesondere wenn dieser Kurs wiederholt in verschiedenen Semestern durchgeführt wird, ergeben sich Synergien, indem Skripte oder Fehlermeldungen nicht komplett neu aufgesetzt, sondern lediglich angepasst werden müssen.

Somit kann die lehrende Person ihre Ressourcen dann für Feedback bei gezielten Rückfragen bzw. in der Präsenz nut-

---

9 Ein Beispielskript findet sich auf Github https://github.com/philkleer/ci-teaching

zen. Die Automatisierung der Kontrolle stellt hierbei kein Problem dar, da hier nicht die Interpretation, sondern der Code bewertet wird – also der Weg zum Ergebnis. Um die Interpretation zu sichern, hat stets eine Studierendengruppe im nächsten Präsenztermin die Lösung vorgestellt und interpretiert. Die durch Continuous Integration aufgezeichneten Probleme beim Testen konnten durch den Lehrenden aufgegriffen werden, bevor neuer Inhalt gestartet wurde.

Neben dieser Automatisierung des reinen Überprüfens wurde der Administrationsaufwand für den Lehrenden durch einen weiteren Punkt verringert, der nur durch die finanzielle Unterstützung möglich war. Für die erste Durchführung wurde eine Lizenz für die RStudio/Posit-Cloud erworben. An den Computern der Studierenden war keine Installation notwendig, ebenso konnten sie Tablets verwenden, sofern sie eine Tastatur hatten. Die Studierenden konnten so RStudio/Posit Cloud einfach im Browser starten. Dabei bietet Posit auch die Integration von SSO-Logins an, so dass Studierende sich bei Implementation dieser Funktion mit ihrem vorhandenen Studierenden-Login anmelden können und das Erstellen eines weiteren Accounts entfällt. Eine kostenlose Serverlizenz gibt es für Universitäten, dies braucht aber Ressourcen an den Rechenzentren.

Administration

Im Vorfeld des Kurses kann die lehrende Person Kursstrukturen einrichten und alle notwendigen Einstellungen vornehmen, so dass ein reibungsloser Ablauf gewährleistet ist. Im Vorfeld wurden die Gruppenprojekte erstellt sowie die Lehrmaterialien für das Semester, die nacheinander für die Studierenden freigeschaltet wurden. Ebenso wurde die git-Integration durch den Lehrenden initialisiert, so dass Studierende zu Beginn lediglich die git-Befehle in der Programmumgebung von RStudio neu lernen mussten. Dies mag im ersten Moment widersprüchlich erscheinen, aber für ein Lerninteresse gerade zu Beginn ist es unabdingbar, dass der Start reibungslos läuft. Im Laufe der Präsenz wurden die einzelnen Einstellungen, die vorbereitet wurden, erläutert und dargestellt und final im letzten Termin in der lokalen Installation erklärt.

Im Folgenden wird die Kursstruktur dargestellt, wobei auf die einzelnen inhaltlichen Themen eingegangen wird und die gewählten Add-Ons aufgegriffen werden.

Kursstruktur

Für die Ausrichtung von Methodenkursen in der quantitativen Analyse gibt es ausreichend Didaktik-Literatur, die verschiedene Schwerpunktsetzungen ermöglicht. Bei dieser Kursstruktur musste berücksichtigt werden, dass die Übung parallel zur Vorlesung stattfindet und damit Themen der Vorlesung nicht vorgegriffen werden kann, auch wenn diese (wie z.B. die Regression) im praktischen Anwendungsalltag eine deutlich höhere Relevanz haben als zum Beispiel einfache bivariate Zusammenhänge. Andere moderne Lehrbücher wie von Çetinkaya-Rundel und Hardin (2024) fokussieren dazu stärker Regressionen, welche eine breite Anwendungspraxis aufweisen und Ausgangsmodell für andere Methoden sind. Insbesondere an Standorten, in denen die Einführung in die Anwendung nach den Vorlesungen erfolgt, kann ein stärkerer Fokus auf Regressionen implementiert werden. Auch beginnt das Lehrbuch von Wickham et al. (2023) neben der Datentransformation mit der Einbindung grafischer Darstellungen direkt zu Beginn, um die Lernmotivation durch diesen generierten Output zu steigern. Die Anwendung insbesondere von *ggplot* stellt dabei auch ein gutes Kennenlernen von Funktionen in Programmierschritten dar, denn die Änderungen im Programmiercode sind direkt visuell sichtbar.

Unter den oben konzipierten Kurszielen wurden fünf Lernblöcke bzw. Code Camps identifiziert. Der Aufbau ist in Abbildung 2 (S. 47) dargestellt. Alle erstellten Materialien, der Kursplan, die einzelnen Code Camps sowie das Web-Based-Training (im Testbetrieb mehrsprachig Englisch und Portugiesisch) stehen auf Gitlab unter CC-BY-SA-Lizenz zur Verfügung.[10] Der Aufbau der Inhalte konnte, wie oben erwähnt, nicht gänzlich frei gewählt werden, denn die Übung

---

10 Link zu Gitlab der Universität Gießen: https://gitlab.ub.uni-giessen.de/methoden-politik/einstieg-in-r

findet im Umfeld zweier Vorlesungen statt und muss daher den Inhalt dieser Vorlesungen referenzieren. Dies ist die Grundlinie im Modul für alle Lehrenden in den Übungen.

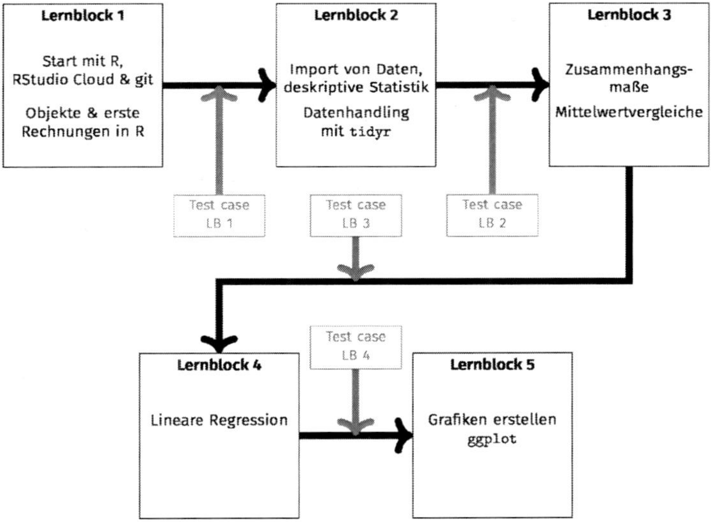

Abbildung 2: Aufbau des Kurses

Lernblock 1 umfasst die Einführung in den Kurs. Hier wurde der Inhalt auf grundlegende Erklärungen (z.B. Dateien und Dateipfade) sowie Erläuterungen von R bzw. RStudio fokussiert. Anschließend wurden die verschiedenen Wertetypen, Vektoren, Faktoren und Dataframes erörtert und praktisch mit kleinen Coding-Challenges angewandt. In diesen lernten die Studierenden die verschiedenen Vektorentypen kennen und erstellten aus verschiedenen Vektoren ein Dataframe. Somit konnten die Studierenden deren Anwendung bereits ab der ersten Einheit einüben und ein Grundverständnis eines Dataframes aufbauen, wobei die Detailliertheit und Komplexität reduziert wurden. Abschließend wurde in diesem Lernblock git eingeführt, welches als optionales Add-On weiter unten beschrieben ist. Zu diesem ersten Lernblock gab es kein Web-Based-Training zur Vorbereitung, da der Einstieg

Inhaltliche Struktur

gemeinsam mit den Studierenden vor Ort durchgeführt werden sollte, um mögliche Probleme zu minimieren.

Der richtige Einstieg mit Sekundärdaten fand im zweiten Lernblock statt. Hierbei wurde zuerst der Aufbau von Datensätzen und Dataframes wiederholt, bevor die Studierenden den Import von verschiedenen Dateiformaten kennenlernen. Hierbei werden verschiedene Importformate einbezogen, die gängig für Sekundärdaten sind: Text-Importe *(.csv, .txt)*, SPSS-Importe *(.sav)* sowie R-Importe *(.rds, .RData)*. Mit den importierten Daten wurden dann erste Schritte der deskriptiven Statistik angewandt, um erste Übersichten über Variablen zu erhalten. Die letzte Phase des Lernblocks beinhaltete die Grundfunktionen von if-Bedingungen, for-Schleifen bzw. den Grundaufbau von Funktionen.

Der dritte Lernblock umfasste Zusammenhangsmaße und Mittelwertvergleiche, wobei die letzte Einheit als Troubleshooting-Zeit eingeplant wurde, da im Rahmen dieses Lernblocks einige sequenzielle Schritte notwendig waren, um zum Ergebnis zu kommen, die im Vorfeld als mögliche Fallstricke für Studierende identifiziert worden waren. Die Studierenden wiederholten in dieser Einheit (Kreuz-)Tabellen, Zusammenhangsmaße sowie Mittelwertvergleiche, deren Anwendung zuvor in der parallel stattfindenden Vorlesung geübt worden war.

Im vierten Lernblock wurde die lineare Regression eingeführt und angewandt. Dies wird oftmals von Studierenden als das Ziel angesehen, da sie dieses Verfahren in Hausarbeiten oder Abschlussarbeiten nutzen. Durch den sequenziellen Aufbau des Kurses und das selbstgewählte Forschungsinteresse wurde den Studierenden aber deutlich, dass vorherige Schritte (wie Variablenrekodierung, deskriptive Exploration, bivariate Zusammenhänge) helfen können, sinnvolle Regressionsmodelle zu entwerfen. Neben der Erstellung verschiedener Modelle wurden ebenso deren Annahme besprochen und mithilfe des Pakets *performance* überprüft.

Im letzten Lernblock wurden die Kenntnisse der graphischen Darstellung mit dem Paket ggplot erweitert. Hier lernten die Studierenden beispielsweise die Darstellung von Histogrammen, Scatterplots und Boxplots sowie Darstellungsmöglichkeiten für Regressionen. Ein Fokus lag hierbei auf den vielfältigen Anpassungsmöglichkeiten mit ggplot im Vergleich zu base plots. Mit einem ganzen Lernblock zur graphischen Darstellung soll die Wichtigkeit betont werden, Ergebnisse nicht nur in Tabellen darzustellen, sondern auch in passenden Visualisierungen. Hier bietet R gegenüber SPSS oder Stata weitaus mehr Möglichkeiten und Potenzial.

Die Lernblöcke umfassten jeweils drei Lerneinheiten (1,5 Stunden), wobei das Code Camp mit Pausen sechs Stunden umfasste. Während der Lernblöcke bzw. Code Camps wurden zuerst die Lernziele definiert, die am Ende des Lernblocks wiederum aufgegriffen wurden. Anschließend wurden die verpflichtenden Vorbereitungsaufgaben kurz durch eine Teilnehmende bzw. eine Gruppe dargestellt. Im Anschluss wurden gegebenenfalls Erweiterungen zu dem erlernten Inhalt dargestellt bzw. konnten die Studierenden ihr Wissen durch eine erneute Anwendung von Aufgaben in dem von ihnen gewählten Forschungsinteresse wiederholen. Diese erbrachten Aufgaben stellten die Studierenden sich dann gegenseitig in der Präsenz vor.

Struktur Code Camp

Ab dem zweiten Lernblock mussten Studierende verpflichtend das Web-Based-Training zur Vorbereitung des Lerninhalts nutzen. Dies ist gleichzusetzen mit dem Lesen der Basisliteratur in einem Seminar und die Studierenden konnten den jeweils neuen Lerninhalt des nächsten Lernblocks mit dem Web-Based-Training kennenlernen und einüben. Dies geschah mithilfe eines an den European Social Survey angelehnten fiktiven Datensatzes. In der Präsenz konnten dann Anwendungsprobleme erörtert und die Anwendung ein zweites Mal an einem selbstgewählten Forschungsinteresse aus dem European Social Survey eingeübt werden. Aufgrund der finanziellen Förderung konnte zusätzlich eine wöchentliche, tutorielle Sprechstunde angeboten werden, so dass die Studierenden während dieser Vorbereitungsphase (und auch in der Nachbereitung) eine direkte Anlaufstelle bei Rückfragen hatten, die sonst häufig bei

Vorbereitung

Blockveranstaltungen fehlt oder auf die Sprechstunde des/der Dozent:in beschränkt ist.

Dazu gab es für die Lernblöcke 1 bis 4 verpflichtende Nachbereitungsaufgaben im Sinne der im Modul verankerten zu erbringenden Vorleistung (siehe *Test Case* in Abbildung 2). Die Nachbereitungsaufgaben wurden in Form von Gruppenabgaben erbracht, mit denen der Lerninhalt anhand eines dritten Beispiels angewandt wurde. Ziel war es, durch diese Iteration den Lernstand zu sichern und das Wissen zu festigen. Die Lösungen wurden von den Gruppen online abgegeben und automatisiert überprüft. Hierbei gab es kein *pass* oder *fail*, da Programmieren ein iterativer Prozess ist, in dem Fehler nach und nach behoben werden. Das Ziel des Kurses war, das Arbeiten mit Code in Gruppen für Studierende erfahrbar zu machen und auch den Prozesscharakter zu betonen. Dies wird im Folgenden weiterführend beschrieben.

Integration und Nutzung von git

Mit der git-Integration haben Studierende gleichzeitig ein modernes, in vielen Arbeitsbereichen gängiges Kollaborationstool kennengelernt. Studierende konnten dieses innerhalb der Gruppen austesten, Fallstricke kennenlernen und mithilfe von Tutor:innen oder der lehrenden Person diese Probleme auflösen.

Gerade bei Programmier-Gruppenarbeiten ist das Chaos finaler Dateien nochmals größer, als es bei eventuellen Textdokumenten der Fall ist. Eine Version Control wie git ist ein verlässliches Tool, alle Schritte zu dokumentieren, Veränderungen zu erfassen und gegebenenfalls rückgängig zu machen. In Abbildung 3 ist ein üblicher Versandprozess innerhalb von Gruppenarbeiten dargestellt. Zu Beginn schickt Person A eine finale Datei *(final.R)* an alle Gruppenmitglieder. Person C findet noch einen Fehler, korrigiert diesen und verschickt eine weitere finale Version *(finalC.R)* wiederum an alle Mitglieder. Person D säubert das Skript noch, damit es lesbarer ist, und versendet es wiederum an alle *(finalCD.R)*. Person B ist etwas langsamer, korrigiert etwas im zuerst versendeten Dokument und versendet ebenso eine korrigierte

Version an alle *(finalB.R)*. Damit ist die Verwirrung groß und eine Person aus der Gruppe muss dies nun aufwändig bereinigen. Mit Version Control passiert dies nicht, denn es gibt eine globale Datei, an der alle arbeiten und Veränderungen gespeichert bzw. versandte Veränderungen gegengeprüft werden.

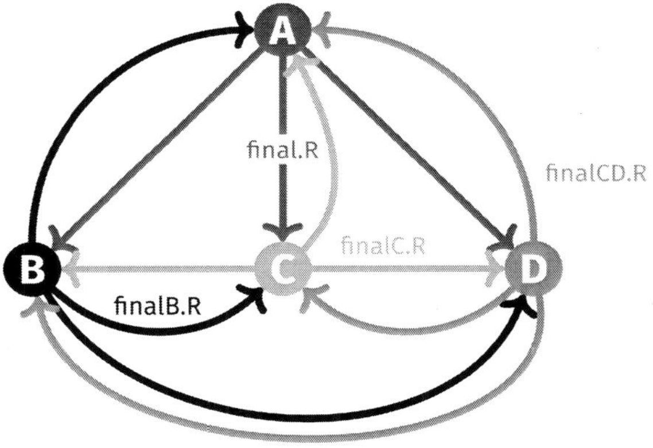

Abbildung 3: Üblicher Dateiversand in einem Gruppenprojekt

In Abbildung 4 (S. 52) ist dieser Prozess der Version Control vereinfacht dargestellt, eine technisch genauere Darstellung findet sich bei Fiksel u.a. (2019) und Bolivar Valdivia (2019). In diesem Anwendungsfall sind die Dateien zentral in Gitlab der Universität Gießen gespeichert. Gruppenmitglieder laden sich diese zentralen Dateien über einen *Pull*-Command lokal und arbeiten an diesen. Über *Commit* bestätigen Benutzer:innen die lokalen Änderungen, bevor sie diese mit *Push* an den Server senden und damit allen anderen auch zur Verfügung stellen.

Studierende konnten sich direkt mit ihren Universitätskennungen anmelden und wurden von der lehrenden Person in eine vorbereitete Gruppe mit Einzelprojekten für die Gruppenarbeiten hinzugefügt. Ein besonderer Vorteil ergab sich in Kombination mit der Nutzung der RStudio-Cloud, so dass auch sämtliche Kursmaterialien über ein git-Projekt geteilt wurden. Dies wird im nächsten Abschnitt erklärt.

Abbildung 4: Prozess in Git

Studierende konnten dann über die einfache Anwendung von commit, pull und push in RStudio (Cloud) ihre Veränderungen mit allen teilen und zugänglich machen. Dank der git-Integration in RStudio mussten Studierende dazu nicht das Terminal nutzen, sondern konnten die Buttons im Programm nutzen, um die Schritte durchzuführen. Im ersten Lernblock wurden die Anwendung von git sowie deren Vorteile erklärt und ausgetestet. Auch die lehrende Person konnte über einen Zugriff auf das jeweilige Repository direkten Einblick in die Gruppenarbeiten nehmen und Hilfestellungen geben. Zusätzlich konnte – sofern gewünscht – über die Commits eingesehen werden, welche Personen sich in den Gruppen beteiligen. Wie bereits im vorangegangenen Kapitel erläutert, erfolgte in der Übung eine Abgabe von kleineren Gruppenaufgaben über das Semester hinweg. Dabei wurde das Prüfen an die Realität des Programmierens und des Arbeitens mit quantitativen Methoden angepasst, indem nicht eine fertige Abgabe zu einem Zeitpunkt auf richtig oder falsch geprüft wurde, sondern mithilfe einer automatisierten Kontrolle Studierende automatisiertes Feedback zu ihrer Lösung erhielten, wenn diese nicht korrekt war. Die Studierenden konnten dann ihre Aufgabe überarbeiten und wieder testen lassen. Das Prüfen wurde damit zu einem Prozess.

Diese Art der Kontrolle ist auch mit E-Mail-Versand möglich, der obige Hinweis auf Probleme bei solch traditionellen Verfahrensweisen bleibt aber aktuell. Es besteht ein hoher Administrationsaufwand auf Seiten der lehrenden Person und der Studierenden. Der Vorteil von git liegt hier eindeutig auf der Hand: Der Administrationsaufwand wird verringert.

Ebenso konnten Studierende so bei Problemen mit den Rückmeldungen aus der automatisierten Kontrolle besser nachfragen oder selbst googeln. Einschränkend bezieht sich die Kontrolle nur auf die erstellten Objekte, nicht auf die Interpretation der Verfahren. Dies wurde aber in der Präsenzzeit aufgegriffen und die richtige Interpretation durch Präsentation der Gruppen und Diskussion sichergestellt.

In git selbst wurde dafür von der lehrenden Person eine *Continuous Integration* erstellt. Gleichzeitig muss dafür ein Gitlab *Runner*, ein Programm, das die Befehle ausführt, auf einem Server programmiert werden. Dies erfordert vertiefte Kenntnisse und Server-Ressourcen. Eine technisch präzise Beschreibung findet sich im git-Repository.[11] Studierende mussten sich lediglich auf der Gitlab-Distribution im Browser einloggen, zum Test navigieren und auf Start drücken.

Um nun die aus den R-Skripten erstellten Objekte auf Richtigkeit zu testen, wurde mithilfe des R-Zusatzpakets *testthat* ein Skript hinterlegt, das einerseits die geforderten korrekten Objekte erstellte und dann das Skript der jeweiligen Gruppe ausführte und das Musterobjekt mit dem der Gruppenarbeit verglich. Fiel der Vergleich negativ aus, erhielt die Gruppe eine Fehlermeldung. Diese Fehlermeldungen sind allgemein, bei den einfachen Anwendungen in diesem Einstiegskurs aber zielführend. Mit größerem Aufwand könnten auch individuellere Rückmeldungen erstellt werden. Mit dieser Art des Prüfens wurde dabei inhärent die Objektorientierung in der Programmiersprache R fokussiert.

Die Vorteile der Nutzung von git (hier in der Distribution von Gitlab) sind offenkundig: Zu Beginn sind zwar aufwändige Einstellungsarbeiten seitens der lehrenden Person erforderlich, während des Semesters kann die Zeit aber sinnvoller für spezifisches Feedback und Unterstützung der Studierenden anstatt für Kursadministration genutzt werden. Ebenso lassen sich diese Einstellungen von einem Semester in das

11 Link zum Repository: https://github.com/philkleer/ci-cd-teaching

nächste spielend kopieren, so dass der fortlaufende Aufwand gering ausfällt.

Im Folgenden wird noch auf die Nutzung der RStudio/Posit-Cloud eingegangen, in der git direkt eingebettet wurde, bevor abschließend Erfahrungen aus der Durchführung dieses Kurses diskutiert werden.

Nutzung der RStudio-Cloud

Aufgrund der finanziellen Förderung konnte für die Erstdurchführung eine Lizenz der RStudio/Posit-Cloud für einen Kurs beschafft werden. An anderen Universitäten mag es bereits Serverversionen von RStudio/Posit-Cloud geben. Eine technisch präzisere Beschreibung findet sich bei Çetinkaya-Rundel und Rundel (2018). Der Vorteil von RStudio/Posit-Cloud ist sicher jedem bewusst, der schon einmal einen Anwendungskurs mit R/RStudio gegeben hat. Installationsfehler treten nicht auf, da die Distribution über den Browser aufgerufen wird und die lehrende Person volle Administrationsrechte auf alle Instanzen in der Cloud hat. Probleme mit Installationen oder einzelnen Betriebssystemen, für die lehrende Personen in der Regel keine Expert:innen sind, erledigen sich somit.

Gerade für den Einstieg in ein neues Programm ist dies von Vorteil. Studierende loggen sich einfach ein und durch die Vorbereitung der lehrenden Person funktioniert alles zu Beginn. Es wurde ein Kursprojekt erstellt, das mit allen Studierenden geteilt wurde und in dem alle Kursmaterialien (Präsentationsfolien, Datensätze, Labs) eingestellt wurden. Daneben gab es je ein Projekt für jede Gruppe, zu der sich Studierende selbst zugeteilt haben.

In RStudio/Posit Cloud kann die lehrende Person nicht nur die R-Distribution vorbereiten, sondern auch die Integration von git vornehmen, so dass dieser Schritt für Studierende zu Beginn entfiel und die Anwendung von git einfacher und verständlicher zu nutzen war (über die Buttons in RStudio). Somit konnten die Studierenden Änderungen jeweils in der RStudio/Posit-Cloud über die Integration updaten. Am Ende des Kurses im fünften Lernblock wurden die lokale Installation und die lokale Anwendung von git vorgestellt, da die Cloud-Lizenz am Ende des Semesters auslief.

Ein weiterer Vorteil der RStudio/Posit-Cloud liegt in der Kollaboration. Anstatt einzelne Computer im Raum zum Beamer-Kabel zu bringen und anzuschließen, kann die lehrende Person über die RStudio-Instanz in das Projekt der Studierenden eintreten, das Skript zeigen und die Studierenden können es vorstellen.

Dieser Vorteil ist auch in der Begleitung zwischen den Code Camps hilfreich. Denn bei Rückfragen oder den Tutor:innen-Sprechstunden konnten die lehrende Person bzw. die Tutor:innen sich direkt in das jeweilige Projekt der Gruppe einloggen und sich das Skript bzw. das Problem direkt anschauen. Auch hier blieb somit ein Versand von Dateien erspart. Im Gegensatz zum Teilen des Bildschirms konnten direkt Kommentare oder Hinweise in das Skript geschrieben werden, die dann wiederum für die Studierenden sichtbar waren. Es entfällt also auch ein weiterer Dokumentationsschritt.

Aus Sicht der lehrenden Person ist der Aufwand zu Beginn des Kurses zu bewältigen. Vonseiten Posits gibt es ausreichend Hilfsmaterial und schnellen technischen Support bei Problemen. Die Vorbereitung der Umgebungen ist eingängig und mit wenig Zeitaufwand zu erbringen. Gegenüber den Problemen der lokalen Installation von Programmen an Computern von Studierenden wird somit viel Zeit gespart. Natürlich gibt es auch Computerpools an Universitäten, die Installationen vorweisen. Dabei ergibt sich aber oftmals ein Speicherproblem, da Studierende die Anweisung des Speicherns und des Zugriffs auf Dateien in personalisierten Studierenden-Netzlaufwerken nicht immer direkt verstehen. Das Arbeiten mit dem eigenen Computer oder Tablet stärkt dagegen die Anwendungssicherheit der Studierenden.

Abschließend werden nun die Erfahrungen aus der ersten Durchführung dieses Kurses diskutiert.

Fazit

Das Ziel war es, mit der Umstellung dieses Kurses eine Veranstaltung für interessierte Studierende zu schaffen, die sich bereits im Bachelorstudium stärker für quantitative Methoden interessieren. Ein weiteres Ziel war es, die Kollaborationspraktiken unter Studierenden zu stärken und auch das Verständnis von quantitativen Datenprojekten und deren Prozessen. Die Zielgruppe war daher also ein Teil der Kohorte, die den Einstiegskurs in ein Statistikanwendungsprogramm absolvieren muss. Daneben wurden standardisierte Einführungskurse in SPSS im Modul angeboten, um das offensichtliche *Mehr*, das in diesem Kurs von Studierenden gefordert wird, nicht verpflichtend für alle Studierenden einzuführen.

Bei der Planung des Kurses stand insbesondere im Vordergrund, dass die Präsenzzeit stärker für das Programmieren und Arbeiten genutzt werden soll und gleichzeitig Studierende eine Kollaborations-, Projekt- bzw. Prozessorientierung bei der Umsetzung quantitativer empirischer Arbeiten entwickeln sollten (siehe Auker und Barthelmess 2020). Mit der Iteration von gleichen Anwendungen sollte der Lernerfolg gesichert werden, denn gerade zu Beginn des Lernens einer neuen Programmiersprache ist die Lernkurve sehr steil. Daneben wurden Web-Based-Trainings einerseits zur Vorbereitung eingesetzt und andererseits konnten diese als Nachschlagewerk durch die Studierenden auch im späteren Verlauf genutzt werden.

Insgesamt zeigte sich im Kursverlauf, dass die iterative Wiederholung von Inhalten, also die Anwendungsorientierung im Kurs bei gleichzeitig hohem Support (Web-Based-Training, Tutor:innen-Sprechstunde, Dozentensprechstunde) besser Studierende förderte und diese über den Verlauf des Semesters begeistern konnte. Studierende waren über das gesamte Semester aktiviert und die eigene Schwerpunktsetzung in den Code Camps wurde von den Studierenden goutiert. Hier suchten diese zum Beispiel inhaltliche Bezüge zu gleichzeitig stattfindenden Seminaren, in denen am Ende des Semesters Hausarbeiten erstellt wurden. Einschränkend muss erwähnt werden, dass die intrinsische Motivation von Studierenden durchaus höher war zu Beginn des Kurses, da diese diesen spezifischen Kurs in Abgrenzung zum Standardkurs ausgewählt haben.

Auch zeigte sich zwischen den Studierenden, dass aufgrund der dreifachen Wiederholung lernstärkere Studierende lernschwächeren Studierenden leichter helfen konnten und sich Probleme in den Gruppen oftmals im Gespräch untereinander klären ließen. Es wurde auch deutlich, dass nicht nur lernstarke Studierende diesen Kurs wählten, sondern eine normale Durchmischung vorhanden war bei hoher intrinsischer Motivation zu Beginn.

Die dreifache Anwendung von Inhalten stärkte das Verständnis der Studierenden, dass Programmieren weniger mit Auswendiglernen zu tun hat als mit wiederholter Anwendung und einem Grundverständnis von Funktionen. Ist der Aufbau von Funktionen und Objekten verstanden, kann man sich leicht mittels Hilfeseiten neue Funktionen selbst erklären. Dies steht konträr zu einem Click-and-Play-Lernen.

Studierende bewerteten das Zeitmanagement sowie die zusätzlichen Support-Systeme als besonders gewinnbringend. Zum einen wurde angemerkt, dass die Integration über das *Blended Learning* den Lernprozess sinnvoll unterstützte und dies sinnvoll in das Gesamtkonzept *(Flipped Classroom)* eingebettet war („Das Lernbuch war absolut hilfreich und sehr gut aufgebaut. Die Mischung aus eigener Vorarbeit und gemeinsamen Arbeiten war sehr gut aufgeteilt", „Vorbereitung auf Veranstaltung mit Hilfe von digitalen Lehrmitteln").

Dass zwischen den Präsenzstunden die Möglichkeit bestand, auf Tutor:innen oder die lehrende Person zurückzugreifen, wurde ebenfalls sehr positiv bewertet. Im Zeitmanagement wurde von den Studierenden vor allem hervorgehoben, dass durch die Blockveranstaltung ausreichend Zeit vorhanden war, ihre Fragen bzw. Probleme zu erörtern und zu klären und Problemlösungen nicht auf die nächsten Sitzungen verschoben werden mussten oder Zeit einfach kein Stressfaktor innerhalb der Anwesenheitsphase wurde.

Durch den Einsatz von git, der automatischen Kontrolle der Abgaben und den Einsatz der RStudio/Posit-Cloud konnte auf Lehrendenseite viel Administrationszeit erspart werden, von der nur ein Bruchteil zur Vorbereitung der jeweiligen Programmumgebungen nötig war. Somit konnte die lehrende Person sich im Zeitmanagement ganz auf die Unterstützung des Lernprozesses konzentrieren und gängige Administrationsprobleme (wie Dateienhandhabung) in Programmkursen entfielen. Durch das großzügigere Zeitmanagement war es dabei problemlos für die lehrende Person darstellbar, auf alle Probleme einzugehen und diese zu lösen.

Die Erstellung des Web-Based-Training als Grundvoraussetzung für den *Flipped Classroom* war dagegen zeit- und ressourcenaufwändig. Dies wurde passgenau an die einzelnen Inhalte der Lernblöcke angepasst und war nur mit der finanziellen Förderung durch QSL-D möglich.

Bei der Durchführung zeigten sich sowohl auf Studierenden- als auch Dozentenseite eine deutlich höhere Zufriedenheit über den Lernprozess, wenngleich das Erlernen von R mit größeren Herausforderungen verbunden ist als das Erlernen von Klickwegen in SPSS. Die Objektorientierung in R sowie das Verständnis von Objekten wurden durch die automatisierte Kontrolle verstärkt, die erstellte Objekte gegeneinander prüft.

Obgleich die Erstdurchführung nur aufgrund zusätzlicher Ressourcen möglich war, erscheinen Folgedurchläufe weniger aufwändig: Das Lernmaterial kann wieder genutzt werden, Einstellungen und Vorbereitungen können in neue Kurse kopiert werden.

Mit diesem Beispiel wird deutlich, dass bei einem Umstieg auf R auch andere didaktische Überlegungen berücksichtigt werden können, so dass Projekt-/Prozessarbeiten und Kollaboration gestärkt werden können. Dabei stellt das hier aufgeführte Beispiel keine Musterlösung dar, sondern lediglich eine Variante von je nach Standortbedingungen möglichen Optionen. Vom Aufbau der Veranstaltung her wäre es sicherlich zweckdienlich, Teile des letzten Lernblocks (Grafiken) in den ersten zu überführen, um zu Beginn das Programmieren in R mit visueller Unterstützung zu erleichtern. Ebenso könnte, sofern weitere Zeitressourcen vorhanden sind, der Einbezug interaktiver Grafiken sinnvoll sein, der aufbauend mit den Paketen *ggiraph* oder *plotly* möglich ist.

6. Abschlussgedanken

In diesem Band wurden zwei Modelle vorgestellt, wie R in der grundständigen Bachelorlehre in den Politikwissenschaften eingesetzt werden kann. Die Beispiele beruhen auf unterschiedlichen Kontextbedingungen an den einzelnen Standorten, die so sicherlich auch an anderen Universitäten vorliegen. Mit diesen Beispielen soll ein erster Impuls für interessierte Lehrende gesetzt werden.

Bereits seit geraumer Zeit zeigt sich ein Trend hin zu R, der insbesondere in Masterstudiengängen und in der Doktorand:innen-Ausbildung stattfindet. Durch den expliziten Statistikbezug der Programmiersprache R und die lebendige Community bei der Erstellung von weiterführenden Paketen entsteht eine Vielfalt, die unterschiedliche Bedarfe abdeckt und gewinnbringend in der Lehre eingesetzt werden kann, wie die zwei Beispiele in diesem Band aufzeigen. Ebenso bieten neuere Entwicklungen wie WebR die Möglichkeit, noch besser als bisher in Lernmaterialien R-Lernschritte zu integrieren, da damit das Ausführen von Programmcode direkt im Browser ermöglicht wird. Im gleichen Umfang sollten Entwicklungen neuer Graphical User Interfaces (GUIs) für R (und Python) berücksichtigt werden, die gegenüber der bisherigen Standard-GUI für R (RStudio) entscheidende Vorteile bieten. Positron bietet als GUI (eine Entwicklung der RStudio-Entwickler Posit) eine stabilere Trennung zwischen Integrated Development Environment (IDE) und Interpreter, nahtlose Sprachwechsel (möglicherweise für Lehre in konsekutiven Studiengängen relevant) sowie die Integration von VS-Code-Erweiterungen, was es zu einer vielversprechenden Alternative für Workflows in Wissenschaften mit Datenbezug macht.

Abhängig von den Standort-/Kontextbedingungen sind unterschiedliche Umsetzungen möglich, die aber alle das Ziel der Methodenausbildung in den Politikwissenschaften berücksichtigen: die Vermittlung von Anwendungskenntnissen. Gegenüber SPSS bietet R dabei den Vorteil, dass es nicht an Lizenzen oder Entwicklungszyklen gebunden ist, in immer mehr Bereichen genutzt wird und die weiterführende Ausbildung in der Politikwissenschaft in Masterstudiengängen oder der Doktorand:innen-Ausbildung bereits auf R zurückgreift.

Der Umstieg auf ein neues Programm ist arbeitsintensiver als das *Updaten* der Literatur eines Seminars, dennoch ist es notwendig, auch die Methodenlehre stets weiterzuentwickeln. Dies muss nicht zwangsläufig in die Umwandlung aller Kurse in eine neue Programmiersprache oder ein neues Programm führen, sondern kann durchaus auch punktuell erfolgen, um verschiedene Interessen Studierender und Lehrender zu adressieren. Damit wird auch klar, dass ein Umstieg auf R nicht eine Entscheidung für die nächsten 40 Jahre sein sollte, sondern insbesondere durch den steten Wandel von Programmpaketen innerhalb von R eine fortlaufende Auseinandersetzung notwendig ist. Insbesondere im Bereich der Computational Social Sciences konnte R im Vergleich zur allgemeineren Programmiersprache Python in den letzten Jahren aufholen, was möglicherweise für manche Standorte relevant sein mag.

Auch wenn ein direkter Umstieg auf R an manchen Standorten als zu groß erscheinen mag, erscheint es dennoch zielführend, den Wandel weg von kostenpflichtigen Programmen zu vollziehen. Das erste Beispiel in diesem Buch zeigt auf, wie ein Umstieg auf eine Programmiersprache mit spezifischen Paketen erfolgen kann, ohne dabei zu sehr Vorteile einer GUI-Anwendung zu verlieren. Ebenso gibt es seit geraumer Zeit kostenlose (Open Source-)Programme, die auf der Programmiersprache R beruhen, aber dennoch Anwendung per Klicks ermöglichen (Jamovi und JASP) und somit den ersten Umstieg möglicherweise erleichtern.

Mit den beiden vorgestellten Konzepten wurden die gestiegene Bedeutung von Datenkompetenz adressiert und Ansätze vorgestellt, wie dieser in der politikwissenschaftlichen Grundausbildung entsprochen werden kann. Die Entwicklung dieser Kompetenz ist nicht nur aufgrund der steigenden

Arbeitsmarktnachfrage für Absolvent:innen der Politikwissenschaft relevant, sondern schafft auch Zugang für das Politische im Digitalen als Forschungsfeld, welches noch vielfältige und vielfach unerschlossene Forschungsbereiche bereithält. Um zukünftige Politikwissenschaftler:innen mit entsprechenden Kompetenzen auszustatten, sollten bereits im Bachelorstudium die Grundlagen geschaffen und im besten Fall eine eigenständige Software-Ausbildung im Rahmen der Methodenausbildung angeboten werden. Dass dafür an den jeweiligen Standorten je nach Möglichkeiten unterschiedliche Ansätze erforderlich sind, spiegelt sich bereits in den beiden vorgestellten Konzepten wider. Unser abschließender Appell lautet daher, die Möglichkeiten zur Ausprägung einer Datenkompetenz zu nutzen und mit R einen Zugang zum Aufbau dieser Kompetenz zu vermitteln.

Literatur

Auker, Linda A., und Erika L. Barthelmess. 2020. Teaching R in the undergraduate ecology classroom: approaches, lessons learned, and recommendations. *Ecosphere* 11. Wiley: e03060. https://doi.org/10.1002/ecs2.3060

Bolivar Valdivia, Renzo Gustavo. 2019. Collaborative learning using GIT with GitLab in students of the engineering programming course. *CEUR Workshop Proceedings* 2555. CEUR-WS: 92–101

Braun, W. John, Bethany J. G. White, und Gavin Craig. 2014. R Tricks for Kids. *Teaching Statistics* 36. Wiley: 7–12. https://doi.org/10.1111/test.12016

Çetinkaya-Rundel, Mine und Colin Rundel. 2018. Infrastructure and Tools for Teaching Computing Throughout the Statistical Curriculum. *The American Statistician 72.* Taylor & Francis: 58–65. https://doi.org/10.1080/00031305.2017.1397549

Çetinkaya-Rundel, Mine und Johanna Hardin. 2024. Introduction to Modern Statistics. OpenIntro, Inc.

Chen, Lingjiao, Matei Zaharia und James Zou. 2023. How Is ChatGPT's Behavior Changing over Time? https://doi.org/10.48550/arXiv.2307.09009

Döring, Holger. 2023. ChatGPT: A tutor for data analysis? GESIS-Blog-Beitrag. https://doi.org/10.34879/gesisblog.2023.67

Fiksel, Jacob, Leah R. Jager, Johannna S. Hardin, und Margaret A. Taub. 2019. Using GitHub Classroom To Teach Statistics. *Journal of Statistics Education* 27: 110–119. https://doi.org/10.1080/10691898.2019.1617089

Frommherz, Yannick, und Jan Langenhorst. 2022. Digitale Kompetenzen für Geistes- und Sozialwissenschaftler:innen. Vorzüge eines Blended Learning-Formats für die Vermittlung von Programmierkenntnissen. *Lessons Learned* 2. Sächsische Landesbibliothek, Staats- und Universitätsbibliothek Dresden. https://doi.org/10.25369/ll.v2i1.37

Kleer, B. Philipp, und Simone Abendschön. 2020. Der Einsatz webbasierter Selbstlernangebote in der sozialwissenschaftlichen Methodenausbildung: Zwei Praxisbeispiele. In *Bausteine digitaler Lehre in der Politikwissenschaft*, Hg. Daniel Lambach, 87–99. Kleine Reihe Hochschuldidaktik Politik. Frankfurt/M.: Wochenschau Verlag

Lambach, Daniel, und Caroline Kärger. 2019. Inverting the Classroom in Large-Enrollment Classes: A Beginner's Guide. *Journal of Political Science Education* 17. Informa UK Limited: 641–652. https://doi.org/10.1080/15512169.2019.1664907

Munzert, Simon. 2018. Auf dem Weg zu einer fundierten Softwareausbildung in der Politikwissenschaft. In *Computational Social Science*, Hg. Andreas Blätte, Joachim Behnke, Kai-Uwe Schnapp und Claudius Wagemann, 379–402. Baden-Baden: Nomos Verlagsgesellschaft. https://doi.org/10.5771/9783845286556-379

Silva, Henrique Alvarenga da, und Alexandre Sampaio Moura. 2020. Teaching Introductory Statistical Classes in Medical Schools Using RStudio and R Statistical Language: Evaluating Technology Acceptance and Change in Attitude Toward Statistics. *Journal of Statistics Education* 28. Taylor & Francis: 212–219. https://doi.org/10.1080/10691898.2020.1773354

Wickham, Hadley, Mine Çetinkaya-Rundel und Garrett Grolemund. 2023. R for data science (2nd edition). O'Reilly

KLEINE REIHE
HOCHSCHULDIDAKTIK

Herausgegeben von
Matthias Freise, Daniel Lambach,
Julia Reuschenbach, Volker Best

Philipp Kleer, Daniel Moosdorf, Yannick Diehl

Politikwissenschaft trifft R

Zwei Lehrkonzepte der Programmiersprache für Bachelorstudiengänge

WOCHEN
SCHAU
VERLAG

Bibliografische Information der Deutschen Nationalbibliothek

Die Deutsche Nationalbibliothek verzeichnet diese Publikation in der Deutschen Nationalbibliografie; detaillierte bibliografische Daten sind im Internet unter http://dnb.d-nb.de abrufbar.

Dr. Kurt Debus GmbH, Eschborner Landstr. 42–50, 60489 Frankfurt am Main

info@wochenschau-verlag.de
www.wochenschau-verlag.de

Umschlaggestaltung: Ohl Design
Gesamtherstellung: Wochenschau Verlag
Gedruckt auf chlorfrei gebleichtem Papier
Print-ISBN 978-3-7344-1758-0
PDF-ISBN 978-3-7566-1758-6
https://doi.org/10.46499/2402
ISSN 2749-6929
eISSN 2749-6937